너희가 역사의 주인이다

너희가 역사의
주인이다

초판 1쇄 인쇄_ 2025년 8월 15일 | **초판 1쇄 발행**_ 2025년 8월 20일
지은이_ 전한길 | **펴낸이**_ 하태복 | **펴낸곳**_ 이가서
책임편집_ 박태희 | **디자인**_ 윤영화
주소_ 서울시 중구 서애로 21 필동빌딩 301호
전화_ 02)2263-3593 | **팩스**_ 02)2272-3593 | **출판등록**_ 제10-2539호
E-mail_ leegaseo1@naver.com
ISBN_ 978-89-5864-498-9 03340

※ 가격은 뒤표지에 있습니다.
※ 잘못된 책은 바꾸어 드립니다.

꽃보다 전한길
제2의 건국전쟁

너희가 역사의 주인이다

꽃보다 전한길 지음

전한길, 20·30과 하나되다

Dear President Yoon,
You are a national hero,
advocated for you & called ou

이가서
Leegaseo publishing

서문

무너지는 자유, 되살아나는 희망 –
자유대한민국 제2의 번영을 위하여

자유가 흔들리고 있다.

법치가 무너지고, 진실은 왜곡되며, 정의의 외침은 거리에서조차 침묵을 강요당한다. 권력은 국민 위에 군림하려 하고, 언론은 진실의 수호자이기를 포기했으며, 선거조차도 불신의 대상이 되고 말았다. 자유대한민국이 걸어온 찬란한 여정이 오늘날 그 존재의 뿌리부터 흔들리고 있는 것이다. 그러나 역사는 언제나 위기의 순간에 희망을 준비해왔다.

대한민국은 단지 하나의 근대국가가 아니다. 홍익인간의 이상은 개인의 존엄과 공동체의 조화를 아우르는 우리의 영원한 철학이며, 재세이화(在世理化)는 세상을 밝히고 다스리는 실천적 사명이자 역사적 책임이다. 우리는 오랜 세월 동안 이 이념을 가슴에 품고 제국주의, 전체주의, 공산주의와 맞서 싸워왔다. 그리고 마침내 우리는 자유와 민주, 시장과 인권, 법치 위에 대한민국이라는 기적의 터전을 세웠다.

그러나 오늘, 우리는 다시금 이 질문 앞에 서 있다.

"우리는 어디로 가고 있는가?"
"대한민국은 누구의 것인가?"
"우리가 지켜야 할 가치는 무엇인가?"

이 책은 그 물음에 대한 나의 대답이며, 역사의 갈림길에서 대한민국을 지키고자 외친 목소리들의 기록이다.

나는 광장에 섰고, 마이크를 들었으며, 때로는 비판을 받고 고립되어도 국민 속으로 들어가 진실을 전하고자 했다.

홍익인간의 정신은 곧 '깨어 있는 시민'의 양심이다.

재세이화의 이상은 불의에 맞서는 실천의 용기다.

인류공영의 사명은 자유민주주의를 세계에 확산시키는 대한민국의 사명이자 숙명이다.

이 단편집은 단지 과거의 기록이 아니다.

이는 다가올 자유대한민국 제2의 건국을 향한 선언문이며, 무너진 자유를 되살리고, 잊혀진 이상을 다시 세우는 국민적 각성과 실천의 출발점이 되고자 한다.

우리에게는 아직 시간이 있고, 이 나라에는 아직 희망이 있다.

그 희망은 바로 국민 속의 깨어 있는 당신이다.

전한길

2025년 대한민국의 심장에서

추천사

자유대한민국을 지키는 용기의 기록

지금 대한민국은 중대한 갈림길에 서 있습니다.

법치주의는 흔들리고, 국민 주권은 위협받고 있으며, 자유민주주의의 토대마저 일부 세력에 의해 도전받고 있습니다.

이러한 혼란의 시대 속에서, 우리가 반드시 붙들어야 할 것은 대한민국의 헌법 정신, 그리고 이 나라를 지켜온 국민의 양심과 책임입니다.

전한길 선생은 거리에서, 강단에서, 그리고 광장에서 그 목소리를 쉬지 않고 내어왔습니다.

그는 단지 과거를 가르치는 역사강사가 아니라, 이 시대를 꿰뚫는 통찰력과 철학을 지닌 사상가이며, 행동하는 시민으로서, 국민 속에서 진실을 외쳐왔습니다.

그의 외침은 "무너지는 자유를 다시 세우자"는 시대적 소명이었습니다.

그의 철학은 홍익인간과 재세이화, 인류공영이라는 우리 민족의 깊은 뿌리로부터 출발하며, 그 뿌리는 오늘날 자유, 법치, 국민 주권이라는 헌법의 가치로 이어지고 있습니다.

이 단편집에는 전한길 선생의 시대 인식과 실천적 사명이 생생히 담겨 있습니다.

그가 왜 거리로 나섰는지, 왜 청년에게 "너희가 역사의 주인이다"라고 외쳤는지, 왜 헌법의 수호를 위해 기꺼이 비판받고 고립되기를 선택했는지를 이 책을 통해 확인할 수 있습니다.

대한민국은 수많은 위기를 이겨낸 국민의 나라입니다.

그리고 그 위기마다, 진실을 말하고 책임을 지는 시민이 등장해 대한민국의 방향을 바로잡았습니다. 전한길 선생도 그러한 한 사람입니다.

이 책은 단지 한 사람의 기록이 아닙니다.

깨어 있는 시민, 행동하는 국민이 되기를 바라는 대한민국을 향한 간절한 요청이자, 자유대한민국의 제2의 건국을 꿈꾸는 선언문입니다.

나는 이 책을 20·30 세대를 비롯한 모든 대한민국 국민들에게 자신 있게 권합니다.

진실을 향한 외침이 얼마나 강한 울림이 될 수 있는지, 행동하는 양심이 얼마나 큰 변화를 일으킬 수 있는지를 이 책을 통해 함께 확인하시길 바랍니다.

대한민국 대통령 윤석열

추천사

진리를 외친 자, 역사를 깨운 자

하나님은 시대마다 진리를 외칠 사람을 부르십니다.

그리고 그 사람을 통해 어지러운 민족을 일깨우시고, 무너진 나라의 기초를 다시 세우십니다. 전한길 선생은 그러한 소명을 가진 사람입니다.

이 시대는 혼탁합니다.

진실은 무너지고, 정의는 조롱당하며, 권력은 하나님의 질서 위에 군림하려 합니다. 법은 거짓에 침묵하고, 언론은 거짓을 팔아 이익을 추구합니다. 그러나 그런 시대일수록, 하나님은 외치는 자를 일으키십니다. 거리에서, 광장에서, 교단에서 선포하는 사람을 사용하십니다.

전한길 선생은 역사강사로 시작했지만, 그 걸음은 예언자적 외침으로 이어졌습니다.

"너희가 역사의 주인이다."

그 한마디는 단지 정치적 구호가 아니라, 이 땅을 사랑하고 하나님을 두려워하는 자의 신앙적 양심의 외침입니다.

이 책을 읽는 동안, 저는 구약의 선지자들이 떠올랐습니다.

부패한 시대를 꾸짖고, 백성들에게 정의와 공의를 외치던 예레미야와 이사야가 생각났습니다. 전한길 선생의 언어는 뜨겁고 분명하며, 그 안에는 조국을 향한 사랑과 하나님 앞에서의 책임이 담겨 있습니다.

이 책은 역사책이 아닙니다.

이 책은 회개의 책이며, 부흥의 외침입니다.

교회가 잠들고, 국민이 길을 잃은 이 시대에, 하나님께서는 전한길 같은 사람을 통해 깨우고 계십니다. 젊은이들이여, 이 책을 펼치십시오. 그리고 질문하십시오.

"나는 진실 앞에 어떻게 설 것인가?"

나는 이 책이 자유를 사랑하는 이들, 진리를 찾는 이들, 그리고 하나님의 공의를 이 땅에 이루고자 하는 이들의 손에 들리기를 기도합니다.

그리고 이 민족이 다시 하나님의 은혜 위에 서는 날, 이 책도 그 부흥의 작은 씨앗이 되었기를 바랍니다.

두레교회 원로목사 김진홍

추천사

헌법의 길, 국민의 길을 다시 찾는 외침

대한민국의 헌법은 이렇게 시작합니다.

"대한민국은 민주공화국이다. 대한민국의 주권은 국민에게 있고, 모든 권력은 국민으로부터 나온다."

그러나 지금 우리 사회는 그 소중한 선언이 무색해질 만큼 자유와 법치, 진실의 가치가 흔들리고 있습니다.

권력은 국민 위에 군림하려 하고, 법은 이념에 따라 선택적으로 적용되며, 국민의 목소리는 거리에서조차 외면받고 있습니다.

이러한 시대에, 전한길 선생은 국민의 자리에서, 광장의 언어로, 헌법의 정신을 되살리고자 했습니다.

그의 마이크는 단순한 주장이나 선동이 아니라, 우리 헌법의 첫 문장을 현실에 다시 새기려는 헌법적 외침이었습니다.

이 책은 단순한 단편 모음이 아닙니다.

헌법을 지키고자 나선 한 시민의 기록이며, 자유와 정의를 되살리고자 몸부림친 시대의 증언입니다.

전한길 선생은 대한민국이 나아가야 할 방향을 단호히 제시합니다.

그 길은 다름 아닌, 헌법의 길이며, 국민의 길이며, 진실의 길입니다.

청년들에게, 이 책은 도전이 될 것입니다.

역사의 주인은 따로 정해지지 않습니다.

깨어 있는 시민, 행동하는 주권자, 그것이 바로 대한민국의 주인이라는 것을, 이 책은 가르쳐 줍니다.

저는 이 책이 우리 국민 모두에게 다시 한번 묻는 계기가 되기를 바랍니다.

"지금, 나는 진실 편에 서 있는가?"

"나는 헌법 위에 서 있는가, 이념 아래에 놓여 있는가?"

전한길 선생의 용기 있는 기록을 진심으로 응원하며, 이 책이 대한민국의 자유와 법치를 되살리는 불쏘시개가 되기를 소망합니다.

국회의원 장동혁

추천사

헌법의 양심이 거리에서 울릴 때

우리는 지금 헌법의 길과 권력의 길이 갈라지는 시대에 살고 있습니다.

법은 형식만 남고, 정의는 정치의 눈치를 보며, 국민의 주권은 '절차'의 이름 아래 잊히고 있습니다.

그럴 때마다 묻습니다. "대한민국은 누구의 것인가?"

이 질문에 가장 분명하게 답한 사람이 있다면, 저는 단연코 전한길 선생을 떠올립니다.

이 단편집은 하나의 선언입니다.

법전이 가르치지 못한 정의, 판례가 말하지 않는 진실, 헌법 조문 뒤에 숨은 공화국의 양심을 거리에서 외치고, 광장에서 실천한 한 사람의 기록입니다.

전한길 선생은 단지 '강사'가 아니었습니다.

그는 헌법 정신의 시민 실천가였습니다.

그의 말 속엔 대한민국을 다시 일으켜 세우겠다는 '법치의 각성'이 있었고, 그의 걸음 속엔 국민 주권을 되찾으려는 '헌법적 투쟁'이 있었습니다.

그는 외쳤습니다.

"너희가 역사의 주인이다."

그 말은 단지 20·30세대를 향한 외침이 아니었습니다.

대한민국의 모든 주권자, 헌법의 이름으로 권력을 견제해야 할 깨어 있는 시민 전체를 향한 부름이었습니다.

이 책은 격랑의 시대 속에서 우리가 반드시 붙들어야 할 진실의 나침반입니다.

법이 흔들릴 때, 헌법을 붙잡고 싶은 이들에게,

진영이 아닌 원칙으로 대한민국을 지키고 싶은 이들에게, 이 책은 한 줄기 등불이 될 것입니다.

나는 이 책을 변호사로서, 시민으로서, 그리고 대한민국을 사랑하는 사람으로서 진심으로 추천합니다.

대한민국은 법 위에 서야 합니다.

그리고 그 법의 이름은 권력이 아닌 국민입니다.

변호사 김계리

목차

서문_무너지는 자유, 되살아나는 희망 05
추천사_자유대한민국을 지키는 용기의 기록/ 윤석열 대통령 08
추천사_진리를 외친 자, 역사를 깨운 자/ 김진홍 목사 11
추천사_헌법의 길, 국민의 길을 다시 찾는 외침/ 장동혁 국회의원 13
추천사_헌법의 양심이 거리에서 울릴 때/ 김계리 변호사 15

제1장
**사상과 뿌리 – 홍익인간, 재세이화,
　　　　　　인류공영의 계승**

01. 역사를 품은 사상가, 전한길의 뿌리　28
02. 홍익인간: 인간존엄의 보편적 원리　35
03. 재세이화: 공의로운 세상 만들기　41
04. 인류공영: 평화로운 세상 실현하기　47
05. 이념의 혼란 속, 자유민주주의의 의미 되살리기　52
06. 대한민국 헌법과 민족정신의 접점　60

제2장
현실을 뚫고 서다 – 자유를 위한 외침

07. 왜곡된 역사, 방치된 진실 75
08. 전한길의 거리 강연: 진실의 함성 80
09. 선관위 비판과 디지털 감시 운동 87
10. 청년에게 고함: 너희가 역사의 주인이다 94
11. 거리에서 기도하다: 신앙과 정의의 만남 102

제3장
위기 속의 길 찾기 – 자유민주주의 수호

12. 전체주의의 유혹, 자유의 방패 118
13. 비상계엄 논란과 시민의 힘 125
14. 선거, 헌법, 그리고 시민의 감시 131
15. 사법·언론·선거 시스템의 정상화 138
16. 보수의 재해석: 전통을 넘어 미래로 145
17. 시민감시단과 국민참여 정치 152

제4장
새로운 번영의 비전—제2의 대한민국

18. 대한민국은 어디로 가야 하는가? 168
19. 홍익인간에서 지속가능 행복까지 176
20. 청년리더 양성과 국민교육 대혁신 186
21. 통일, 인류공영, 국제연대 193
22. 제2의 건국, 그리고 전한길의 선언 201

부록

1. 전한길 어록: 진실, 자유, 신앙의 말들 208
2. SAVE KOREA 강연 요약본 214
3. 전한길 인터뷰 모음(시민·청년·언론) 240
4. 전한길 활동 사진과 연설 순간 기록 249
5. 전한길의 윤석열 대통령 계승 260

1장

사상과 뿌리 — 홍익인간, 재세이화, 인류공영의 계승

꽃바 전한길

대한민국은 단지 한반도의 작은 나라가 아니다. 그 정체성의 뿌리에는 인류를 이롭게 하라는 '홍익인간'의 사상이 있고, 그 정신을 세상에 펼치는 '재세이화(在世理化)'의 비전이 있으며, 마침내 인류 전체가 더불어 살아가는 인류공영의 이상이 담겨 있다. 이 세 가지는 결코 낡은 구호나 철 지난 전통이 아니다. 그것은 오늘 우리가 다시 붙잡아야 할 대한민국의 영혼이며, 자유대한민국이 제2의 번영을 이루기 위한 사상적 나침반이다.

나 전한길은 이 뿌리를 붙들고 시대와 역사, 인간과 국가, 자유와 정의의 의미를 새롭게 묻고자 했다. 대한민국이 어디서 왔고, 어디로 가야 하며, 우리는 왜 싸우고 무엇을 지켜야 하는가를 탐구한 사상가이자 교육자였다. 나는 단지 과거를 가르치는 사람이 아니라, 역사를 통해 미래를 준비하는 사람이었다.

1부에서는 전한길의 철학을 구성하는 3대 이념-홍익인간, 재세이화, 인류공영을 중심으로, 내가 어떻게 대한민국의 정체성과 정신을 계승하고 재해석했는지를 살핀다. 이 글은 단순한 이념 해설서가 아니다. 위기 속 자유를 되살리고, 무너지는 국가 정체성을 되짚으며, 다시 시작되는 대한민국의 희망을 품은 선언문이다.

자유가 무너지는 시대, 우리는 어디에 서 있어야 하는가? 정의가 흔들리는 시간, 우리는 무엇을 기준 삼아야 하는가? 전한길은 말한다. 우리의 뿌리는 사라지지 않았다고. 이제, 그 뿌리로 돌아가자. 다시 세상을 이롭게 하자. 함께 살아가는 평화로운 세상을 향해 나아가자. 그것이 전한길이 전하고자 한 사상의 뿌리이자, 자유대한민국의 두 번째 번영을 여는 길이다.

1장 "사상과 뿌리-홍익인간, 재세이화, 인류공영의 계승"에 대해 요약하자면, 고조선 건국이념인 홍익인간을 출발점으로 삼아, 고대 이념들의 현대적 계승과 실천적 의미를 강조하고자 한다.

- 홍익인간은 "널리 인간을 이롭게 한다"는 보편적 인간존엄의 원리로, 인본주의와 이타주의적 윤리, 현세주의를 포괄하며 대한민국 교육이념의 근간이 됩니다.
- 재세이화는 "세상에 있으면서 이치로써 다스리고 교화

한다"는 뜻으로, 현실에서 정의와 공의를 실천하는 사회교화의 원리입니다. 이를 통해 공정하고 책임 있는 사회, 세대와 진영을 넘어서는 통합을 강조합니다.
- 인류공영은 인류 모두가 평화롭게 공존하며 상호 존중과 공동체적 번영을 지향하는 보편적 가치로, 이를 평화로운 지구 공동체 건설을 위한 실천적 사회철학으로 제시합니다.

즉, 홍익인간, 재세이화, 인류공영이라는 고대 철학의 뿌리를 현재 사회와 교육, 정치 현실에 적용하며 인간 존엄, 공의, 평화 등 보편적 가치를 현실에서 구현하고자 하는 사상적 토대라 말할 수 있다.

01
역사를 품은 사상가, 전한길의 뿌리

"과거를 모르면 오늘을 잃고, 오늘을 잃으면 미래도 없다."
– 전한길

민족의 시간을 꿰뚫는 시선

전한길은 오랜 세월 대한민국의 역사 강사로 불려왔지만, 단지 시험을 위한 지식을 전한 것이 아니었다. 내가 전한 역사는 "죽은 연대기"가 아니라, 오늘을 비추는 거울이며 내일을 설계하는 나침반이었다.

역사를 가르치는 나의 목소리는 단순한 지식 전달이 아닌 시대정신의 회복을 외친 외침이었다.

나는 질문했다.

- "우리는 왜 분열되었는가?"
- "이 나라의 시작은 어디에서 비롯되었는가?"
- "자유와 정의는 언제부터 왜곡되었는가?"
- "어떤 사상이 대한민국을 이끌어야 하는가?"

그 질문의 끝에는 언제나 하나의 중심축이 있었다. 바로 홍익인간의 철학이다.

전통을 꿰뚫고, 현재를 껴안고, 미래를 부른다

전한길은 고조선의 단군 이래 이어져온 철학인 홍익인간과 재세이화를, 대한민국 건국정신, 그리고 자유민주주의의 보편가치와 연결했다.

나는 단군의 정신을 고서 속에 가두지 않았다. 이 땅의 법과 제도, 시민의 권리, 교육의 철학, 정치의 방향 속에 그 정신이 살아 숨 쉬어야 한다고 주장했다.

"대한민국의 근본은 철학이다.

그 철학은 민족의 뿌리와 연결돼야 한다."

나에게 역사란, "과거의 기억이 아니라 미래의 이정표"였다.

거리의 교단에서 다시 역사를 외치다

2025년 1월, 전한길은 교단을 떠나 거리로 나왔다. 내가 손에 든 것은 마이크였지만, 내가 외친 것은 강의가 아닌 진실과 자유, 정의의 철학이었다.

나의 외침은 선동이 아니라 사상의 회복이었다. "우리는 무엇을 지키고, 무엇을 바로잡아야 하는가"라는 질문을 대중에게 던지는 거리의 철학자였다.

그리고 그 외침은 어느덧 이렇게 진화했다.

"나는 역사 강사 전한길이 아니라, 사상을 품은 시민, 그리고 깨어 있는 국민으로 여러분 앞에 섰습니다."

전한길의 뿌리 – 홍익, 재세, 공영

전한길은 스스로를 대한민국 헌법의 정신을 계승하는 철학적 실천가로 자리매김했다.

- 홍익인간(弘益人間) — "모든 인간을 이롭게 하라"는 동방 철학의 원형
- 재세이화(在世理化) — "세상을 다스리고 이롭게 하라"는 하늘의 명령
- 인류공영(人類共榮) — "나아가 온 인류가 함께 번영해야 한다"는 보편적 지향

이 세 가지가 그를 움직이는 힘이었다. 그리고 이 철학이 오늘날 전한길을 역사를 품은 사상가로 만들었다.

나의 강의는 지식이었지만, 나의 외침은 철학이었다.

전한길은 '역사를 품은 사상가'로, 오늘의 혼란 속에서 미래의 길을 밝히고 있다.

역사를 품은 사상가, 전한길의 뿌리

한국사 강사 전한길은 단순히 과거의 사실을 전달하는 역사가를 넘어, 나만의 확고한 사상과 비전을 가진 인물로 평가받고 있다. 나의 말과 행동에는 대한민국의 유구한 역사 속에서 면면히 이어져 온 철학적 뿌리가 깊이 배어 있다. 내가 강조하는 '자유대한민국 제2의 번영'은 바로 이러한 역사적, 사상적 맥락 위에서 형성된 것이기 때문이다.

민족의 심장, 홍익인간

전한길의 사상적 뿌리에서 가장 먼저 꼽을 수 있는 것은 바로 우리 민족의 건국 이념인 홍익인간(弘益人間) 정신이다. '널리 인간을 이롭게 한다'는 이 가치는 그의 모든 주장에 깔린 핵심적인 동력이다. 나는 역사 교육을 통해 단순히 과거를 아는 것을 넘어, 우리 국민 모두가 잘 살고 번영하는 미래를 만들어가야 한다고 주장한다.

나에게 홍익인간은 단순히 교과서 속의 개념이 아니다. 그것은 자유민주주의 체제를 통해 구현되어야 할 현실적인 목표이다. 개인의 자유와 권리가 최대한 보장될 때, 각자가 자신의 역량을 발휘하여 궁극적으로 사회 전체에 이바지하고, 모두가 풍요로운 삶을 누릴 수 있다는 신념이 바로 '자유'에 대한 강조로 이어진다. 이는 특정 계층이나 집단이 아닌, 모든 대한민국 국민이 '이로움'을 누리게 하려는 진정한 홍익인간 정신의 발현이라 할 수 있다.

세상을 이치로 바꾸는 재세이화의 실천

홍익인간이 지향하는 이상이라면, 이를 현실에서 실현하려는 재세이화(在世理化)의 정신은 전한길 강사의 행동에서 찾아볼 수 있는 뿌리이다. '세상에 있으면서 이치로 변화시킨다'는 뜻처럼, 나는 현재 대한민국이 직면한 여러 문제들을 직시하고, 내가 생각하는 '옳은 이치'와 '원칙'을 바탕으로 사회를 바람직한 방향으로 이끌어가려 하는 것이다.

나의 날카로운 비판과 소신 발언은 혼란한 세태 속에서 '올바른 도리'를 제시하고 국민들의 인식을 '교화'하려는 시도로 볼 수 있다. 마치 선조들이 천지인의 이치로 세상을 다스리려 했듯이, 나는 자유민주주의라는 현대적 이념을 통해 대한민국이 '제2의 번영'을 이룰 수 있도록 변화를 촉구하는 '재세이화'의 실천가라 할 수 있을 것이다.

국가를 넘어선 인류공영의 지향

전한길 강사의 비전은 단순히 대한민국이라는 테두리에만 머무르지 않는다. 내가 꿈꾸는 '자유대한민국의 번영'은 궁극적으로 더 넓은 개념인 인류공영(人類共榮)으로 확장될 수 있다. '인류 전체가 함께 번영한다'는 인류공영의 가치는 우리 민족의 사상이 지닌 보편성을 보여준다.

강력하고 안정된 대한민국은 단순한 국익을 넘어, 국제 사회의 책임 있는 일원으로서 인류 공동의 문제 해결에 기여하고 세계 평화에 이바지할 수 있는 역량을 갖추게 될 것이다. 홍익인간 정신이 세계 시민의식으로 확장되고, 재세이화의 실천을 통해 국가적 역량이 강화될 때, 대한민국은 인류가 함께 번영하는 세상에 크게 기여할 수 있다는 것이 나의 숨겨진 염원이기 때문이다.

이처럼 전한길은 단순히 역사를 가르치는 강사를 넘어, 홍익인간, 재세이화, 그리고 인류공영이라는 우리 민족의 깊은 사상적 뿌리를 현대적 관점에서 계승하고, 이를 통해 '자유대한민국'의 밝은 미래를 역설하는 '역사를 품은 사상가'의 길을 가고자 한다.

나 전한길은 대한민국의 한국사 강사이자 유튜버, 언론인으로 활동하고 있다. 특히 공무원 한국사 분야에서 인지도가 높으며, 한국사 관련 교재를 다수 출간했다. 최근에는 정치적 발언으로 인해 논란이 되기도 했다.

그럼에도 나 전한길은 다음과 같은 이력을 가지고 있다.

- 직업: 전 한국사 강사(메가공무원, EBSi, 공단기 등), 보수주의 우파 유튜버, 1인 미디어 언론사인 전한길 뉴스 소속 언론인.
- 학력: 경북대학교 사회과학대학 지리학 학사, 경북대학교 교육대학원 지리교육학 석사, 경북대학교 대학원 사학 석사 과정 수료.
- 주요 저서: 전한길 한국사 포켓 암기노트, 합격생 필기노트, 기출문제집 등.
- 최근 활동: 최근 정치적 발언과 특정 정당 입당 문제로 언론의 주목을 받고 있으며, 유튜브 채널 '꽃보다전한길'을 통해 활동하고 있다.

02
홍익인간:
인간존엄의 보편적 원리

 사람이 사람답게 사는 나라, 그 출발점 "널리 인간을 이롭게 하라." 이것은 단지 단군신화의 고사(古詞)가 아니다. 이것은 대한민국의 정신이며, 나 전한길이 역사를 가르치며 붙든 가장 중요한 원리였다.

 나는 수십 년간 한국사를 강의해 왔다. 역사는 단순한 과거의 사건이 아니라, 가치를 품은 인간의 이야기다. 그 중심에는 언제나 '사람'이 있어야 하며, 그 사람이 존엄하다는 믿음이 전제되어야 한다. 그래서 나는 "홍익인간"이라는 말 속에 우리 민족의 철학적 정체성과 보편적 이상이 함께 담겨 있다고 확신한다.

1. 홍익인간은 대한민국 헌법의 뿌리다

- 대한민국 헌법 제1조는 국민주권을 말하지만, 헌법 전문은 그 뿌리에 '홍익인간'의 정신을 분명히 밝히고 있다.
- "유구한 역사와 전통에 빛나는 우리 대한민국은 3·1운동으로 건립된 대한민국임시정부의 법통을 계승하고… 인간의 존엄과 가치를 존중하는 홍익인간의 이념에 따라…"
- 이것은 상징이 아니다. 인간을 존중하는 국가, 인간이 중심인 사회, 인간답게 사는 공동체가 대한민국이 지향해야 할 첫 번째 원칙이라는 선언이다.
- 하지만 오늘의 대한민국은 어떤가? 인간은 수단으로 전락하고, 국민은 권력의 대상이 되었으며, 국가는 점점 더 인간의 존엄을 침해하는 방향으로 가고 있지 않은가?

2. 자유와 인권의 철학, 홍익인간

나는 '홍익인간'이야말로 동양적 언어로 표현된 보편적 가치, 곧 자유민주주의의 철학적 기초라고 본다. 홍익인간은 다음과 같은 신념을 품고 있다.

- 인간은 고귀하다. 태어날 때부터 누구나 존엄하며, 그 누구도 그것을 침해할 수 없다.
- 공동체는 사람을 위해 존재해야 한다.

- 국가, 제도, 법률, 교육, 복지 모두 인간을 위한 수단이지 목적이 되어서는 안 된다.
- 자유는 인간의 숨결이다.
- 사상과 양심, 언론과 종교, 집회와 선택의 자유는 인간 존엄의 보호막이며, 그것이 무너지면 곧 인간이 무너진다.

따라서 홍익인간은 단순한 민족주의 구호가 아니라, 인류 보편의 철학적 기준이자 오늘의 자유를 지켜내기 위한 투쟁의 출발점인 것이다.

3. 전한길의 홍익인간: 깨어 있는 시민의 철학
- 나는 역사 교육자로서 '홍익인간'을 단지 가르치지 않았다.

그 가치를 살고자 했고, 실천하고자 했다. 그래서 거리로 나섰고, 불의한 권력에 맞서 마이크를 들었으며, 정의가 침묵당할 때 국민 앞에 나섰다.

- 왜?

사람이 사람답게 사는 나라, 진실을 말해도 처벌받지 않는 사회, 선거가 공정하고, 권력이 국민을 섬기는 나라 이것이 바로 내가 믿는 홍익인간의 실현이기 때문이다.

4. 이제 당신의 홍익인간은 무엇인가?
- 우리는 모두 각자의 자리에서 묻고 실천해야 한다.

"나는 사람을 이롭게 하는 삶을 살고 있는가?"
"내 말과 선택이 인간의 존엄을 지키는 방향에 있는가?"

- 홍익인간은 국가의 철학이기 전에 개인의 양심과 실천의 철학이다.

교육하는 자는 진실을 가르치고, 정치하는 자는 국민을 섬기고, 시민은 깨어 있는 주권자로 살 때, 대한민국은 다시 홍익인간의 길로 나아갈 수 있다.

인간을 사랑하는 민족, 사람을 위하는 나라, 사람이 중심인 역사. 그 중심에 '홍익인간'이 있고, 그 믿음 속에 나 전한길이 있다.

전한길의 홍익인간: 인간존엄의 보편적 원리
- "전한길의 홍익인간: 인간존엄의 보편적 원리!"는 우리 민족의 근본 사상인 홍익인간(弘益人間)을 인간 존엄성의 보편적 원리로 해석하고 강조하는 맥락으로 이해하기 바란다.

- 홍익인간은 "널리 인간 세상을 이롭게 하라"는 뜻으로, 우리 민족의 가장 오래된 건국 이념이자 교육 이념이다. 단순히 많은 사람에게 물질적 도움을 주는 것을 넘어, 모든 사람이 타고난 잠재력과 존엄성을 발휘하여 인간다운 삶을 누리도록 돕고, 나아가 개인과 공동체 전체의 행복과 발전을 추구하는 포괄적인 의미를 담고 있다.
- 이 사상은 『삼국유사』에 환웅이 인간 세상을 구하고자 하였을 때 하늘에서 그 뜻을 헤아려 "널리 인간을 이롭게 할 만하다"고 하여 이를 허락했다는 기록에서 비롯된다.
- 내가 '홍익인간을 인간 존엄성의 보편적 원리'로 강조하는 것은 다음과 같은 이유 때문이다.
- 인간 중심 사상: 홍익인간은 그 이름에서 알 수 있듯이 '인간'을 모든 가치의 중심에 둡니다. 이는 모든 개인이 그 자체로 존엄한 존재이며, 그 어떤 외부적인 목적을 위한 수단이 될 수 없다는 인본주의적 가치를 내포합니다.
- 보편적 이로움 추구: "널리 인간 세상을 이롭게 한다"는 것은 특정 민족이나 국가를 넘어 모든 인류에게 적용될 수 있는 보편적인 가치를 지향합니다. 이는 인종, 국적, 성별, 종교 등을 초월하여 모든 인간에게 존엄성이 있음을 인정하고, 그들의 행복을 증진하려는 정신입니다.
- 개인과 공동체의 조화: 홍익인간은 단순히 개인의 이익만

을 추구하지 않습니다. 개인이 존엄하게 성장하고 발전하는 것을 바탕으로, 더 나아가 공동체 전체의 이로움을 도모함으로써 상생과 협력을 통한 조화로운 사회를 지향합니다. 이는 개인의 자유와 권리가 존중되면서도 공동체의 책임과 의무가 조화를 이루는 이상적인 상태를 보여줍니다.
- 윤리적 실천의 근거: 홍익인간은 추상적인 이념을 넘어 실천적인 윤리를 요구합니다. 즉, 인간을 이롭게 하기 위한 구체적인 행동과 노력을 통해 인간 존엄성을 현실 속에서 구현하려는 의지를 담고 있습니다. 이는 불의에 맞서고, 약자를 돕고, 공정한 사회를 만들고자 하는 노력의 근간이 될 수 있습니다.
- 나는 한국사 교육을 통해 단순한 지식 전달을 넘어 우리 민족의 이러한 정신적 뿌리를 강조해왔다.

그는 역사 속에서 드러나는 정의와 불의, 희생과 이기심의 사례들을 통해 홍익인간과 같은 보편적 가치가 어떻게 구현되고 또 좌절되었는지를 보여주며, 이를 통해 현 시대를 살아가는 우리가 인간 존엄성을 어떻게 지켜나가고 실현해야 할지 고민하게 만든다. 내 강연에서 나타나는 사회 비판적 시각이나 공정함에 대한 강조는 결국 홍익인간 정신을 현대 사회에 적용하려는 노력으로 볼 수 봐주길 바란다.

03
전한길의 재세이화:
공의로운 세상 만들기

　재세이화(在世理化)란 단지 고대적 수사나 유교적 이상이 아니다. 그것은 지금 여기, 대한민국이 반드시 회복해야 할 '공의(公義)의 원리'다. 나라가 존속하려면, 반드시 그 중심에 도덕적 질서와 진실한 통치가 서야 한다. 나는 이것이 바로 재세이화, 즉 "세상을 이성적으로 다스리고, 공의롭게 이끄는 일"이라고 믿는다.

1. 무너진 정의, 흔들리는 나라

　오늘 대한민국의 공적 질서는 무너지고 있다. 선거의 공정성은 의심받고, 법치는 권력의 하수인이 되었으며, 언론은 진실을 외면한다. 공의는 사라지고, 권력과 이념, 이익의 논리가 모든 것을 삼키고 있다.

나는 광장에서 외쳤다.

헌재여, 법을 지켜라!
선관위여, 국민을 속이지 마라!
정치인이여, 대한민국을 이용하지 마라!

이 외침은 단지 정쟁의 구호가 아니라, 이 시대에 실현되어야 할 '재세이화'의 외침이었다.

2. 공의는 권력자가 아닌, 국민에게 있다

재세이화는 지배자의 이상이 아니라, 시민의 사명이다.
우리가 묻고 따지고 행동하지 않는다면, 이 나라는 정의를 잃는다.
공정한 법, 정의로운 판결, 투명한 절차, 책임 있는 권력…
이 모두는 국민이 요구하고 지켜야 할 '공의로운 질서'다.
"법 위에 사람 없고, 사람 위에 법 없다."
"정치는 특권이 아니라, 국민에 대한 봉사다."
이 말이 공허하게 들린다면, 우리는 이미 재세이화를 잃고 있는 것이다.

3. 전한길의 재세이화: 행동하는 정의

나는 더 이상 '역사 속 정의'만 가르칠 수 없었다.

지금 무너지는 정의를, 지금 깨어진 공의를 지켜야 했다.

그래서 나는 거리로 나왔다.

여의도에서, 부산역에서, 대전과 동대구, 금남로와 춘천에서 나는 침묵한 지식인들을 대신해 외쳤고, 행동하지 않는 진영논리를 거부하고, 오직 국민과 진실 앞에 선 사람으로서 싸웠다.

이것이 나의 재세이화다. 이것이 바로 대한민국을 다시 공의로운 나라로 세우기 위한 실천이다.

4. 이제, 당신의 차례다

이 나라는 누가 다스리는가? 국회의원인가? 판사인가? 대통령인가? 아니다. 이 나라는 공의를 실현하는 '깨어 있는 국민'이 다스려야 한다.

재세이화는 나 하나의 외침으로는 부족하다. 모든 시민이 진실을 말하고, 불의에 분노하고, 자유를 지켜낼 때, 우리는 비로소 공의로운 세상을 만들 수 있다. 지금 당신의 양심이 묻고 있다. "이대로 괜찮은가?" 만약 당신도 "아니다"라고 느낀다면, 그 순간 당신은 재세이화의 실천자다. 공의로운 대한민국, 그것은 우리의 손으로 다시 세워야 한다.

5. 전한길의 재세이화: 공의로운 세상 만들기!

"전한길의 재세이화: 공의로운 세상 만들기!"는 우리 민족의 유구한 정신인 재세이화(在世理化)를 현대 사회의 공의로운 세상을 만드는 원리로 삼으려 한다는 의미로 해석하여야 한다.

- 재세이화(在世理化)란?

재세이화는 "세상에 있으면서 이치로 교화한다"는 뜻으로, 단순히 세상을 다스리는 것을 넘어 이치와 진리(理)로 사람과 사회를 교화(化)하여 이상적인 상태로 만드는 것을 의미한다. 이는 『삼국유사』에 나오는 홍익인간(弘益人間) 사상과 함께 고조선의 건국 이념을 이루는 중요한 두 축 중 하나다.

- 재세(在世): 현존하는 세상, 즉 현실 세계를 의미합니다.
- 이화(理化): 이치와 진리로 사람들을 교화하고 변화시키는 것을 뜻합니다. 이는 올바른 도리, 정의, 그리고 합리적인 질서 속에서 사회가 발전하고 개개인이 성숙해가는 과정을 포함합니다.

즉, 재세이화는 하늘의 이치를 땅에 구현하고, 그것을 통해 인간의 삶과 사회 전체를 도덕적으로, 그리고 지혜롭게 변화시켜 나가는 실천적인 이상을 담고 있다.

- 전한길과 재세이화의 연결

나는 한국사 교육을 통해 단순한 지식 전달을 넘어 우리 민족의 정신적 가치와 역사적 교훈을 강조해왔다. 특히 내가 강조하는 정의, 공정, 그리고 사회에 대한 비판적 시각은 재세이화의 정신과 맞닿아 있다고 볼 수 있다.

나는 여러 강연이나 유튜브 채널 등을 통해 불의에 대한 비판과 공정한 사회의 필요성을 역설하며, 이는 재세이화가 지향하는 '이치와 진리로 교화된 세상', 즉 '공의로운 세상'을 만들고자 하는 의지와 연결될 수 있다. 내가 역사를 가르치는 이유 중 하나는 과거를 통해 현재를 성찰하고 미래를 더 나은 방향으로 만들어가자는 메시지를 전달하는 데 있다. 이는 재세이화의 실천적 의미와 일맥상통한다.

- 공의로운 세상 만들기

재세이화의 관점에서 공의로운 세상이란 다음과 같은 특징을 가질 수 있습니다.
1) 정의와 공정성: 모든 사람에게 공평한 기회가 주어지고, 불의가 용납되지 않으며, 법과 원칙이 모든 이에게 동등하게 적용되는 사회를 의미합니다.
2) 합리적 질서: 감정이나 사적인 이익이 아닌, 보편적인 이

치와 합리성에 기반하여 사회 시스템과 인간관계가 구축되는 세상입니다.
3) 인간 존중과 상생: 개개인의 존엄성이 존중받고, 서로를 이해하며 협력하여 공동체 전체의 이익을 추구하는 상생의 정신이 구현된 사회입니다.
4) 도덕적 성숙: 구성원들이 개인의 이기심을 넘어 공동체를 위한 책임감을 가지고, 도덕적으로 성숙한 시민 의식을 발휘하는 상태를 말합니다.

나는 이러한 공의로운 세상을 만들기 위해 역사 교육을 통해 사람들의 인식을 변화시키고, 올바른 가치관을 심어주는 역할을 하고 있다고 자부한다.

04
전한길의 인류공영:
평화로운 세상 실현하기

"대한민국의 정체성은 우리 민족의 깊은 철학과 보편적 가치를 품고 있다. 그 중심에는 인류공영이라는 이상이 있다."

전한길은 단지 역사강사가 아니다. 나는 한국의 정체성과 민족의 비전을 시대 앞에 천명한 지성인이자 행동하는 사상가다. 내가 강조하는 인류공영의 이념은 단지 외교적 수사도, 이상적 공상도 아니다. 그것은 홍익인간과 재세이화로 이어지는 역사적 사명을 완성하는 마지막 열쇠이며, 이 땅에서 시작된 위대한 정신의 세계사적 확장이다.

전한길에게 있어 인류공영은 한민족만을 위한 번영이 아니라, 인류 공동체 전체가 함께 잘 사는 길을 의미한다. 이것은 한반도를 넘어, 억압과 빈곤, 분쟁 속에서 고통받는 이웃과 손을 잡고 함께 미래로 나아가자는 선언이다. 인류의 존엄과 자유, 평화는 따로 떼어낼 수 없는 하나의 진리이기에, 전한길은 대한민국이 '인류공영의 등불'이 되어야 한다고 외친다.

나는 '무너지는 자유' 속에서도 희망의 불씨를 지키는 이 시대의 감시자이며, '평화로운 세상'의 실현을 위해 광장에 서는 실천가이다. 인류공영은 이념이 아니라, 오늘 우리가 선택하고 행동해야 할 시대적 사명이다. 전한길의 외침은 분명하다. "대한민국은 인류공영의 중심국가가 되어야 한다."

나는 대한민국의 자유와 정의, 평화를 지키는 싸움이 곧 인류공영의 첫걸음임을 알고 있다. 우리 안의 정의가 무너지면 밖의 평화도 사라진다. 그러므로, 오늘 우리가 싸워야 할 이유는 단지 대한민국만을 위한 것이 아니라, 전 인류의 존엄을 위한 길임을 기억해야 한다.

그 길 위에, 전한길이 서 있다. 그리고 이제, 우리 모두가 함께 걸어야 할 때다.

전한길의 인류공영: 평화로운 세상 실현하기

"전한길의 인류공영: 평화로운 세상 실현하기!" 인류공영(人類共榮)이라는 가치를 통해 평화로운 세상을 만들고자 하는 의지를 표현한 것이다.

- 인류공영(人類共榮)이란 무엇인가?

인류공영은 '모든 인류가 함께 번영한다'는 뜻을 가진 우리 민족의 이상적인 가치입니다. 단순히 한 국가나 특정 집단에 국한되지 않고, 지구상의 모든 사람이 평화롭고 조화롭게 발전하며 풍요로운 삶을 누리는 상태를 지향합니다. 이는 우리 민족의 건국 이념인 홍익인간(弘益人間) 사상이 개인과 민족을 넘어 전 세계 모든 인류에게 확대된 개념으로 이해할 수 있습니다.

- 인류(人類): 국적, 인종, 종교, 문화적 배경을 초월한 모든 인간을 아우르는 보편적인 개념입니다.
- 공영(共榮): 경제적, 사회적, 문화적, 정신적으로 함께 발전하고 평화롭게 공존하는 상태를 의미합니다. 갈등과 분쟁 없이 상호 협력하며 모두가 이롭게 되는 것을 포함합니다.
- 결국 인류공영은 모든 인류가 서로 존중하고 협력하며, 갈등과 대립을 넘어 평화롭게 더불어 살아가는 이상적인 미래상을 제시합니다.

- 전한길과 인류공영의 연결

한국사 교육을 통해 단순한 역사 지식 전달을 넘어, 우리 민족이 추구해 온 정의, 공정, 그리고 더 나은 세상을 향한 열망을 강조해왔습니다. 역사를 통해 전달하고자 하는 메시지 속에는 과거의 잘못을 되풀이하지 않고, 공존과 번영의 가치를 통해 인류가 나아가야 할 방향을 모색하려는 노력이 담겨 있습니다.

그의 강연에서 드러나는 사회 비판적 시각이나 불의에 대한 비판은 결국 사회 내의 갈등과 불평등을 해소하고, 더 나아가 전 세계적인 차원에서 평화로운 세상을 만들고자 하는 인류 공영의 정신과 맞닿아 있다고 볼 수 있습니다. 전한길 강사가 역사를 가르치는 것은 과거를 통해 현재를 성찰하고, 인류 공동의 번영과 평화라는 이상을 향해 나아가는 지혜를 얻기 위함이라고 해석할 수 있습니다.

- 평화로운 세상 실현을 위한 인류공영의 역할
- 인류공영의 관점에서 평화로운 세상은 다음과 같은 특징을 가집니다.
- 갈등과 분쟁의 종식: 국가 간, 민족 간, 종교 간의 물리적 충돌과 이념적 대립이 해소되고 평화적 공존이 이루어지는 상태를 말합니다.
- 상호 존중과 이해: 서로 다른 문화와 가치관을 가진 사람들이 상대방을 이해하고 존중하며, 차이를 인정하고 포용하는 사회를 의미합니다.
- 보편적 정의와 공정성: 모든 사람에게 기본적인 인권이 보장되고, 자원과 기회가 공정하게 분배되며, 불평등이

최소화된 사회를 지향합니다.
- 지속 가능한 발전: 환경 보호와 자원 보존을 통해 현재 세대뿐만 아니라 미래 세대까지도 함께 번영할 수 있는 기반이 마련된 사회를 뜻합니다.
- 전 지구적 연대와 협력: 기후 변화, 빈곤, 질병 등 인류 공동의 문제에 대해 모든 국가와 사람들이 함께 연대하고 협력하여 해결책을 모색하는 태세를 갖춘 상태입니다.

결론적으로 전한길 강사가 인류공영을 강조하는 것은 한국인의 정신적 유산을 통해 지구촌 공동의 평화와 번영이라는 거대한 목표를 지향하고, 이를 위한 실천적 노력을 촉구하는 메시지로 해석할 수 있습니다.

05
이념의 혼란 속, 자유민주주의의 의미 되살리기

21세기 대한민국은 이념의 혼란 속에 있다. 자유와 평등, 공동체와 개인, 국가와 시민 사이의 균형이 무너지고, 자유민주주의의 본질마저 왜곡되고 있다. 전한길은 이러한 시대의 흐름 속에서 자유민주주의의 본뜻을 되살려야 한다고 강하게 외쳤다.

1. 자유민주주의는 단지 체제가 아니다

전한길에게 자유민주주의는 '삶의 방식'이다. 단지 선거를 치르고 정권이 바뀌는 정치제도 이상의 것으로, 그는 이를 다음과 같이 정의했다. "자유민주주의란, 타인의 자유를 존중하면서 내 자유를 지키는 이성적 양심이다." 이것은 법치와 책임, 인권과 절제를 포함한 도덕적 토대 위의 자유였다.

2. 혼란의 본질은 자유에 대한 왜곡

나는 말한다. "자유를 외치는 자들이 책임은 회피하고, 민주를 말하는 자들이 다수의 폭력을 정당화한다면 그것은 자유도 민주도 아니다." 개인주의와 이기주의, 포퓰리즘과 전체주의가 혼재된 오늘, 전한길은 우리가 무엇을 지켜야 하는지를 질문한다.

3. 헌법의 정신을 다시 읽다

대한민국 헌법 제1조는 이렇게 선언한다. "대한민국은 민주공화국이다. 대한민국의 주권은 국민에게 있고, 모든 권력은 국민으로부터 나온다." 하지만 나는 이것이 단순한 '국민 권력의 선언'이 아니라, 권력에 대한 견제와 책임의 의무로 해석되어야 한다고 강조한다. 그는 헌법의 '자유민주적 기본질서'를

- 개인의 자유
- 법에 의한 지배(법치)
- 권력분립과 사법의 독립
- 다양성과 관용의 정신으로 구성된 '국가의 뼈대'라 보았다.

4. 왜 자유민주주의가 중요한가?

전한길은 말한다. "자유민주주의가 무너지면, 자유는 권력에 짓밟히고, 민주는 권력의 도구가 된다. 그리고 우리는 두 번 다시 일어서지 못한다." 내가 꿈꾸는 인류공영은 자유민주주의가 단단히 뿌리내린 나라들 사이에서만 가능하다는 현실 인식 위에 서 있다.

5. 다시 광장에서, 다시 국민 속에서

전한길은 거리로 나섰다. 그리고 젊은이들에게 외쳤다. "자유는 거저 주어진 것이 아니다. 수많은 피와 희생 위에 얻은 이 자유를, 당신은 지킬 준비가 되어 있는가?" 나는 젊은 세대가 이념의 포로가 되지 않고, 자유의 의미를 깨닫고, 행동하는 주권자로 설 것을 촉구했다.

6. 이념의 혼란 속, 자유민주주의의 의미 되살리기!

전한길이 말하는 '이념의 혼란 속 자유민주주의의 의미 되살리기'는 대한민국의 기본 가치인 자유와 민주주의, 법치주의를 굳건히 지키는 것을 뜻합니다. 나는 현재 정치적·사회적 갈등과 이념 갈등이 심화된 상황에서, 자유민주주의의 본질과 그 중요성을 국민 모두가 재인식해야 한다고 강조한다.

구체적으로 다음과 같은 점을 통해 자유민주주의의 의미를 되살리고자 한다.

- 자유민주주의와 시장경제의 조화: 윤석열 대통령을 예로 들며, 자유민주주의와 시장경제가 대한민국 번영의 핵심 축으로, 이를 지키는 것이 국가와 국민의 권리와 자유를 보호하는 길임을 강조합니다.
- 법치주의와 공정한 절차 수호: 적법 절차와 헌법을 통한 질서 유지가 자유민주주의의 근본이며, 인연이나 진영 논리에 휘둘리지 않는 법치 실현이 매우 중요하다고 말합니다.
- 국민 저항권과 자기 통치: 국민이 정치 권력을 직접 통제할 권리를 포함해 국민 주권이 존중되어야 하며, 이를 통해 자유민주주의가 살아난다고 주장합니다.
- 자유민주주의에 대한 내외부 위협 경고: 좌파 정권이나 반국가 세력이 자유를 훼손하려 한다는 경고와 함께, 자유를 지키기 위한 국민적 경각심과 저항을 촉구합니다.
- 국민 통합과 세대 간 연대: 복잡한 이념 갈등 속에서 국민 전체가 자유민주주의 가치를 중심으로 통합되어야 한다는 메시지가 포괄적으로 담겨 있습니다.

나는 이런 맥락에서 자유민주주의를 단순한 정치 체제가 아닌, 국민의 자유와 권리를 수호하고 공정과 법치로 국가 시스템을 유지하며, 이를 통해 국민 모두가 번영을 누릴 수 있는 근본 원리로 재해석하고 있다. 이념의 혼란과 사회적 갈등 속에서 자유민주주의의 가치를 분명히 하고, 이를 토대로 국민들이 자율적으로 참여하고 책임지는 정치 문화를 만들어야 한다는 점을 강하게 강조한다.

요약

주요 내용	설명
자유민주주의 + 시장경제	국가 번영의 핵심 가치, 자유 보호 수단
법치주의와 적법 절차 중요성	헌법과 법 절차 유지가 자유민주주의의 뿌리
국민 저항권과 주권	국민이 직접 정치 권력 통제, 자기 통치 원리
내외부 위협 경고	자유 훼손 시도에 대한 경각심과 국민 저항 촉구
국민 통합과 세대 연대 강조	이념 갈등 넘어 자유민주주의 중심 국민 통합 필요

이러한 나의 주장은 현 시점 우리 사회의 이념 혼란과 갈등 속에서 자유민주주의를 근본적으로 되새기고, 그 실천적 의미를 부활시키려는 노력으로 이해할 수 있을것이다.

7. 이념의 혼란 속

오늘날 대한민국은 다양한 이념과 가치가 충돌하며 혼란을 겪고 있다. 이러한 격랑 속에서 자유민주주의는 단순히 정치 체제를 넘어, 우리 사회의 나침반이자 미래를 위한 핵심 가치로서 그 의미를 되살리는 것이 더욱 중요해지고 있다.

8. 혼란의 시대, 자유민주주의의 위기

현재 대한민국은 특정 이념 간의 대립을 넘어, 사실과 가짜 뉴스, 상식과 비상식이 뒤섞이며 '이념의 혼탁'을 겪고 있다. 이러한 혼란은 사회적 갈등을 증폭시키고, 국민들로 하여금 대한민국의 정체성과 나아가야 할 방향에 대한 근본적인 의문을 품게 만든다.

일각에서는 자유민주주의의 본질적인 가치와 원칙마저 흔들리며, 포퓰리즘, 극단주의, 권위주의적 경향이 고개를 드는 현상까지 나타나고 있다. 이러한 상황은 내가 경고하는 '체제 전쟁'과 맞닿아 있으며, 자유민주주의가 당연한 것이 아닌, 끊임없이 지키고 발전시켜야 할 소중한 가치임을 일깨워 준다.

9. 자유민주주의, 인간 존엄과 번영의 핵심

이러한 혼란 속에서 자유민주주의의 의미를 되살리는 것은 곧 대한민국의 뿌리인 홍익인간 정신과 재세이화, 인류공영의 가치를 재확립하는 일과 같다.

- 인간 존엄의 보루: 자유민주주의는 개인의 자유와 권리, 그리고 인간 존엄성을 최우선으로 합니다. '홍익인간'이 널리 인간을 이롭게 한다는 뜻이듯이, 자유민주주의는 모든 개인이 차별 없이 존중받고 자신의 잠재력을 발휘할 수 있는 기회를 제공함으로써 인간 존엄을 실현하는 가장 효과적인 체제입니다. 이념의 혼란 속에서도 인간 존엄이라는 근본 가치를 지키는 것이 바로 자유민주주의의 핵심입니다.
- 공의로운 세상의 기틀: '재세이화'가 이치로 세상을 변화시킨다는 의미이듯, 자유민주주의는 법치주의, 권력 분립, 다수결 원칙과 소수자 보호를 통해 공정하고 투명한 사회를 지향합니다. 불의와 비상식이 횡행하는 이념 혼란 속에서, 자유민주주의의 절차와 원칙을 되살리는 것은 곧 '공의로운 세상'을 만들어가는 가장 확실한 방법입니다.
- 지속 가능한 번영과 평화의 기반: 자유민주주의는 경제적 번영과 사회 발전을 위한 창의성과 혁신을 촉진합니다. 또한, 민주주의 국가 간의 평화로운 관계는 '인류공영'으로 나아가는 중요한 기반이 됩니다. 이념의 혼란을 극복하고 자유민주주의의 가치를 굳건히 하는 것은 대한민국이 지속적으로 번영하고, 나아가 국제 사회의 평화에 기

여하는 길입니다.

10. 자유민주주의, 우리의 책임

이념의 혼란 속에서 자유민주주의의 의미를 되살리는 것은 특정 정치인이나 집단만의 책임이 아닙니다. 우리 사회의 모든 구성원이 자유민주주의의 기본 원칙을 이해하고, 거짓과 선동에 휘둘리지 않으며, 비판적 사고를 통해 합리적인 판단을 내리는 시민 의식이 중요합니다.

자유민주주의는 끊임없는 관심과 참여 속에서만 성장하고 발전할 수 있습니다. 지금이야말로 그 근본적인 의미를 되새기고, 우리 사회를 더욱 건강하고 굳건하게 만들어갈 때입니다.

06
대한민국 헌법과 민족정신의 접점

    전한길의 "대한민국 헌법과 민족정신의 접점"은 주로 대한민국 헌법의 기본 정신과 한민족의 전통적 민족정신, 특히 홍익인간·재세이화·인류공영 이념이 어떻게 맞닿아 있고 이를 통해 자유민주주의와 국민 통합, 법치주의를 수호하려는 그의 철학적 입장을 의미합니다.

1. 구체적으로 전한길은 다음과 같은 점에서 헌법과 민족정신의 접점

- 헌법 제1조 '주권은 국민에게 있고, 모든 권력은 국민으로부터 나온다'는 원리를 중심으로, 국민 주권과 자유민주주의가 민족정신과 만나야 한다고 봅니다. 즉, 국민이 주체가 되어 스스로 국가와 정치의 주인임을 인식하

고 행동해야 헌법 정신이 살아난다는 점을 강조합니다.
- 홍익인간과 재세이화 등 고유의 민족정신에서 '널리 인간을 이롭게 한다'는 가치가 헌법이 추구하는 자유, 평등, 법치, 공정과 통합의 이념과 맞닿아 있다고 봅니다. 민족정신은 헌법 정신의 전통적 뿌리로서 국민통합과 사회 조화, 공동 번영에 방향성을 제시합니다.
- 최근 정치 사회 현안에서 헌법재판소 판결 및 헌법 수호 문제에 강한 관심을 표명하며, 헌법재판관들의 정치적 편향과 불공정 판결에 대해 비판하면서도 헌법질서와 국민 주권을 중심으로 자유민주주의를 지키는 노력을 촉구합니다.
- 또한, 국민 각자가 역사와 민족정신을 바탕으로 헌법 가치를 확립하고, 이념 혼란과 갈등 속에서도 헌법과 민족정신을 접점으로 사회적 통합과 미래 번영을 추구해야 한다고 강조합니다.

즉, 전한길에게 대한민국 헌법은 단순한 법률문서가 아닌, 한민족 고유의 사상과 민족정신이 현대적 국가 운영의 근간으로 계승·발전된 것이라는 인식이며, 이를 통해 국민 주권 실현과 법치주의, 자유민주주의 실천으로 나아가야 한다는 철학적 메시지를 담고 있습니다.

요약

주요 내용	설명
국민 주권과 헌법 제도	헌법 1조 명시 '주권은 국민에게 있고, 모든 권력은 국민으로부터' 강조
민족정신과 헌법 가치의 상호 연결	홍익인간·재세이화 같은 민족정신이 헌법의 자유, 평등, 법치, 공정, 통합 이념과 맞닿음
헌법재판소 판결과 법치 수호	정치 편향과 불공정 판결에 대한 경계와 헌법 정신 수호 촉구
국민통합과 사회 조화	역사와 민족정신을 바탕으로 갈등 극복, 통합과 미래 번영 지향
헌법과 민족정신의 철학적 계승과 현대 적용	고유 전통 사상을 현대 헌법 가치와 사회 발전 원리로 구현

전한길의 이 주장은 대한민국의 헌법 정신과 한민족의 전통·민족정신이 결합하여 자유민주주의와 법치, 국민통합을 이루는 근본 바탕임을 확고히 하자는 메시지라 할 수 있습니다. 최근 정치사회적 혼란 속에서 헌법과 민족정신의 만남을 통해 국민 각자가 주인의식과 책임을 갖고 국가 발전에 참여해야 한다는 강조가 핵심입니다.

2. 대한민국 헌법과 민족정신의 접점: 전한길의 시각

한국사 강사 전한길은 대한민국의 헌법 정신을 강조하며, 이

것이 우리 민족의 뿌리 깊은 사상적 가치와 어떻게 연결되는지에 대한 자신만의 해석을 제시합니다. 그는 헌법을 단순한 법률을 넘어, 우리 민족이 추구해 온 이상과 정신이 현대적으로 구현된 장으로 이해합니다.

3. 헌법 정신과 민족 이념의 연결고리

전한길은 대한민국의 헌법이 우리 민족 고유의 홍익인간(弘益人間) 정신과 재세이화(在世理化)의 실천 의지, 그리고 궁극적으로 인류공영(人類共榮)이라는 보편적 가치를 품고 있다고 봅니다.

- 홍익인간과 헌법의 인간 존중: 대한민국 헌법 제10조는 "모든 국민은 인간으로서의 존엄과 가치를 가지며, 행복을 추구할 권리를 가진다"고 명시합니다. 이는 '널리 인간을 이롭게 한다'는 홍익인간의 근본 정신이 현대 헌법에 인간 존엄성 보장이라는 형태로 명확히 반영된 것입니다. 전한길은 헌법이 모든 국민의 자유와 권리를 보장함으로써, 개개인의 존엄성이 실현되고 궁극적으로 모든 사람을 이롭게 하는 홍익인간의 이상을 추구한다고 설명합니다.
- 재세이화와 헌법의 공의로운 질서: '세상에 있으면서 이치로 변화시킨다'는 재세이화의 정신은 대한민국 헌법의

법치주의, 정의 실현, 그리고 공정한 사회 질서 확립이라는 목표와 맞닿아 있습니다. 전한길은 불의하고 비상식적인 상황에 대한 강도 높은 비판을 통해, 헌법이 제시하는 '이치'와 '원칙'을 바탕으로 사회를 바로잡고 '공의로운 세상'을 만들어가야 한다고 역설합니다. 헌법이 정한 절차와 원칙을 지키는 것이야말로 재세이화의 현대적 실천이라고 보는 것입니다. 그는 특히 "불법에 의해, 불의에 의해 판결이 났을 때는 저항하는 것이 헌법정신에 맞다"고 발언하며, 헌법 정신의 핵심이 단순한 복종을 넘어선 '정의 실현'에 있음을 강조하기도 했습니다.

- 인류공영과 헌법의 국제 질서 지향: 대한민국 헌법 전문은 "항구적인 세계평화와 인류공영에 이바지함으로써 우리들과 우리들의 자손의 안전과 자유와 행복을 영원히 확보할 것을 다짐한다"고 명시하여 인류공영의 가치를 건국이념으로 삼고 있습니다. 전한길이 '자유대한민국의 제2의 번영'을 외치는 것은 단순히 국익만을 위한 것이 아니라, 강력하고 번영하는 대한민국이 국제 사회에서 책임 있는 일원으로서 인류의 공동 번영과 평화에 기여할 수 있는 토대가 된다는 인식에 기반합니다.

4. 헌법을 통한 민족정신의 현대적 계승

전한길에게 대한민국 헌법은 단순한 문서가 아니라, 우리 민족이 역사 속에서 추구해 온 자유, 평등, 정의라는 보편적 가치가 현대적인 법률 형태로 구현된 것입니다. 그는 헌법 정신을 강조함으로써, 이념의 혼란 속에서도 대한민국이 지켜야 할 변치 않는 가치와 나아가야 할 방향을 제시하고자 합니다.

그의 시각은 과거의 민족정신이 현재의 헌법을 통해 살아 숨쉬며, 이를 바탕으로 미래 세대가 번영할 '자유로운 공화국'을 만들어야 한다는 강력한 메시지를 담고 있습니다.

2장

현실을 뚫고 서다 —
자유를 위한 외침

꽃보다 진한길 고범三

1. 자유를 위한 외침

자유를 위한 외침!에 대해 설명드리면, 전한길은 현재 대한민국의 자유민주주의 체제가 위협받고 있다고 보면서, 이를 지키기 위한 절박한 외침을 이어가고 있습니다. 그는 자유민주주의와 법치, 공정, 시장경제, 한미동맹 등 국가 번영과 자유 수호에 필수적인 가치를 강하게 강조하며, 특히 20·30세대를 중심으로 국민들이 직접 행동하고 저항권을 행사해야 한다고 촉구합니다.

주요 내용은 다음과 같습니다.

- 전한길은 "대한민국이 자유민주주의 체제를 무너뜨리려는 세력과의 전쟁"에 직면했다고 경고하며, 이는 단순한

정치 투쟁이나 정권 교체가 아니라 체제 전쟁('초한전')이라고 규정합니다. 이 전쟁에서 국민의 적극적 참여와 저항권 행사가 필요함을 강조합니다.
- 그는 윤석열 대통령 탄핵 반대를 강하게 호소하며, 만약 탄핵이 결정되면 이는 역사적으로 매우 부정적으로 기록될 것이라고 경고하고, 대통령 직무 정상화를 통한 국가 시스템 복구가 자유민주주의 유지에 필수적이라고 말합니다.
- 전한길은 자유민주주의를 지키는 것은 단순한 이념 대립이 아니라, 전체주의나 중국식 사회주의로의 전락을 막는 국가적 사명이라며 국민통합과 세대 간 연대를 강조합니다. 특히 20·30세대가 앞장서서 이 운동을 주도해 왔다고 평가합니다.
- 자유민주주의와 자유시장경제, 복지사회, 한미동맹이 대한민국 정책의 핵심 축임을 주장하며, 이를 지키는 것이 국가와 국민의 자유를 보장하는 길임을 역설합니다.
- 자신의 연설과 행동을 국민에 대한 봉사로 여기며, '나는 종이며 주인공은 국민'임을 반복 강조하고, 국민들이 자유와 대한민국을 지키는 최전선에 서 줄 것을 간절히 요청하고 있습니다.

정리하면, 전한길의 '자유를 위한 외침'은 대한민국 현실의 위기를 뚫고, 자유민주주의 체제와 국민의 권리를 지키기 위한 실천적 행동과 국민 참여 촉구이며, 이는 그의 전통적 한민족 사상연계 철학과 맞물려 강력한 사회적 메시지로 확산되고 있습니다.

2. 이념의 혼란과 자유의 위기

전한길 강사는 오늘날 대한민국이 이념의 혼란 속에 있다고 진단합니다. 진실과 거짓이 뒤섞이고, 상식과 비상식이 충돌하며, 특정 진영 논리가 사회 전반을 지배하는 현상에 대해 강하게 비판합니다. 그는 이러한 혼란이 결국 대한민국의 근간인 자유민주주의 체제를 위협하고, 국민 개개인의 자유를 억압할 수 있다고 경고합니다.

특히, 그는 다음과 같은 현실 문제들을 '자유의 위기'와 연결하여 지적합니다.

- 진영 논리의 심화: 합리적인 토론과 숙의의 과정이 사라지고, 오직 '내 편'과 '네 편'으로 나뉘어 모든 현안을 판단하는 극단적인 진영 논리가 자유로운 사고와 건전한 비판을 가로막는다고 봅니다.
- 표현의 자유 위축: 특정 의견이나 주장이 '낙인찍기'의 대상이 되거나, 사회적으로 배제될 수 있다는 두려움 때문에

많은 사람들이 자신의 목소리를 내지 못하는 현상에 대해 우려를 표합니다. 이는 민주주의의 핵심인 표현의 자유가 위축되는 것이라고 주장합니다.
- 경제적 자유의 위협: 과도한 규제나 불공정한 시스템이 개인의 경제 활동과 기업의 자유로운 경영을 저해하며, 결과적으로 국가 경제 전체의 활력을 떨어뜨린다고 비판합니다.

3. 자유를 위한 외침: 행동하는 지성인의 자세

전한길 강사는 이러한 현실 진단에 머무르지 않고, 행동하는 지성인으로서 '자유'를 위한 외침을 주저하지 않습니다. 그의 이러한 행동은 여러 형태로 나타납니다.

- 소신 있는 발언과 비판: 강단에서 학생들을 가르치는 것을 넘어, 방송, 유튜브, 강연 등 다양한 플랫폼을 통해 사회 현안에 대한 자신의 소신을 분명히 밝힙니다. 그는 '강사'라는 본업의 틀을 넘어선 정치적 발언으로 논란의 중심에 서기도 하지만, 이를 '대한민국과 미래 세대를 위한 책임감'의 발현이라고 설명합니다.
- 자유민주주의 수호 강조: 그는 자유민주주의가 대한민국 번영의 근간임을 강조하며, 이를 지키기 위한 국민들

의 적극적인 관심과 참여를 촉구합니다. 때로는 강한 어조로 "자유민주주의를 지키기 위해 싸워야 한다"고 역설하기도 합니다.
- 헌법 정신에 기반한 비판: 그의 비판은 특정 개인이나 집단에 대한 감정적인 공격이 아니라, 대한민국 헌법이 보장하는 자유민주적 기본 질서와 가치에 근거합니다. 그는 헌법 정신에 위배되는 행위나 주장에 대해 명확히 선을 긋고 비판하며, 헌법 정신을 되살리는 것이 ′자유대한민국′을 지키는 길임을 강조합니다.

4. 논쟁 속에서도 '자유'를 지켜야 하는 이유

전한길 강사의 '자유를 위한 외침'은 때때로 사회적 논쟁을 일으킵니다. 그러나 이러한 논쟁의 이면에는 그가 궁극적으로 지키고자 하는 '자유'라는 가치의 중요성이 자리하고 있습니다.

그는 자유로운 사고와 비판, 그리고 다양한 의견이 공존하는 것이야 말로 건강한 민주주의 사회의 핵심이라고 믿습니다. 비록 자신의 주장이 비판을 받을 지라도, 자유롭게 목소리를 낼 수 있는 환경 자체를 지켜야 한다는 그의 신념이 '현실을 뚫고 서는' 그의 행동의 동력이라고 할 수 있습니다.

이처럼 전한길은 이념의 혼란 속에서 대한민국의 본질적인 가치인 '자유'를 되살리기 위해, 때로는 거친 파도 속으로 뛰

어드는 '자유를 위한 전사'의 모습을 보여주고 있습니다. 그의 외침은 우리 사회가 진정한 자유를 향해 나아가기 위해 무엇을 고민하고 행동해야 하는지에 대한 질문을 던집니다.

07
왜곡된 역사, 방치된 진실

"진실은 침묵하지 않는다. 역사는 반드시 말하게 된다."

우리는 지금 진실이 사라진 시대에 살고 있습니다. 역사는 왜곡되었고, 정의는 침묵하고 있습니다. 교과서 속 역사는 누군가의 정치적 목적에 따라 재단되었고, 독립운동가의 피와 희생은 좌우 이념의 틀 속에서 재해석되며 조작되었습니다.
전한길은 묻습니다.

- 이 나라의 건국은 죄입니까, 자랑입니까?
- 누가 대한민국을 세웠고, 무엇을 지키려 했습니까?
- 그들의 희생 위에 우리는 어떤 진실을 배우고 있습니까?

그는 단언합니다.

"왜곡된 역사는 국민을 병들게 합니다. 진실이 방치되면 정의는 무너지고, 자유는 사라집니다."

1. 행동하는 역사강사 전한길
- 단순한 지식 전달자가 아니라,
- 역사의 정의를 바로 세우기 위한 거리의 증언자.
- 그는 강단을 벗어나 광장으로 나섰고,
- 침묵 속에 묻힌 진실을 외치기 시작했습니다.

2. 외침의 핵심
- 역사는 민족의 뿌리입니다.
- 거짓 뿌리엔 바른 나무가 자랄 수 없습니다. 그래서 그는 외칩니다.

"지금 이 나라의 역사를 바로잡는 것이 곧 자유와 정의, 대한민국의 존립을 지키는 길이다!"

3. 왜곡된 역사, 방치된 진실! 전한길의 경고
한국사 강사 전한길은 단순히 과거를 가르치는 것을 넘어,

현재 대한민국 사회에 만연한 '역사 왜곡'과 '진실 방치' 현상에 대해 강도 높은 비판과 경고의 목소리를 냅니다. 그에게 왜곡된 역사는 단순한 학술적 오류가 아니라, 대한민국의 정체성과 미래를 위협하는 심각한 문제로 인식됩니다.

4. 역사 왜곡의 위험성: 뿌리 흔들기

전한길은 역사를 왜곡하는 행위가 국가의 근간과 민족의 정체성을 흔드는 위험천만한 일이라고 강조합니다. 그가 지적하는 역사 왜곡의 주요 양상은 다음과 같습니다.

- 특정 이념에 따른 역사 해석: 역사적 사실을 특정 이념적 관점에서 자의적으로 해석하거나, 유리한 부분만 부각하고 불리한 부분은 의도적으로 축소·은폐하려는 시도에 대해 강하게 비판합니다. 이는 객관적인 역사 인식을 방해하고 사회 내 불필요한 갈등을 증폭시킨다고 봅니다.
- 건국 및 체제 부정 시도: 대한민국의 정통성과 자유민주주의 체제를 부정하거나 폄훼하려는 움직임에 대해 엄중히 경고합니다. 그는 대한민국이 피와 땀으로 이룩한 자유민주주의 국가임을 명확히 하며, 이러한 역사적 사실을 왜곡하는 것은 미래 세대에 대한 배신이라고 말합니다.
- 과거사 논쟁의 정치적 이용: 복잡하고 민감한 과거사 문

제들이 학술적 논의가 아닌 정치적 도구로 이용되어 국민들을 분열시키고 국론을 소모시키는 현상에 대해 우려를 표합니다. 진실 규명보다는 이념적 대결의 수단으로 전락하는 현실을 비판하는 것입니다.

5. 진실 방치의 문제: 무지와 무관심의 위험

역사 왜곡만큼이나 전한길이 경계하는 것은 '진실 방치'입니다. 이는 역사를 제대로 배우려 하지 않거나, 왜곡된 정보에 대해 무관심으로 일관하는 태도에서 비롯됩니다.

- 무지와 오해의 확산: 정확한 역사 지식 없이 특정 주장이나 가짜 뉴스에 쉽게 현혹되어 오해를 사실로 받아들이는 현상이 만연하다고 지적합니다. 이는 역사의 교훈을 망각하게 하고, 같은 실수를 반복하게 할 수 있는 위험을 내포합니다.
- 교육의 역할 강조: 한국사 강사로서 그는 올바른 역사 교육의 중요성을 끊임없이 강조합니다. 진실을 있는 그대로 가르치고 배우는 것이야말로 왜곡된 역사를 바로잡고 국민들의 올바른 역사관을 정립하는 가장 중요한 방법이라고 믿습니다. 그는 학생들이 시험을 위해서만이 아니라, 대한민국의 주체적인 시민으로서 역사를 바로 알아야 한

다고 역설합니다.
- 국민의 책임 촉구: 진실을 방치하는 것은 결국 국민 개개인의 책임이기도 함을 강조합니다. 올바른 역사 인식은 단순히 특정 전문가의 몫이 아니라, 대한민국 국민으로서 반드시 갖춰야 할 기본 소양이라는 메시지를 전달합니다.

6. 왜곡된 역사를 뚫고, 진실을 세우는 길

전한길은 왜곡된 역사를 바로잡고 방치된 진실을 되살리는 것이 자유대한민국의 미래를 위한 필수적인 과제라고 역설합니다.

그에게는 객관적인 사실에 기반한 역사 인식, 그리고 이를 통해 미래 세대에게 올바른 역사관을 물려주는 것이 무엇보다 중요합니다. 역사의 진실을 외면하거나 왜곡하는 것은 현재의 혼란을 가중시킬 뿐만 아니라, 우리가 나아가야 할 방향을 잃게 만드는 치명적인 결과를 초래할 수 있기 때문입니다. 전한길의 이러한 외침은 대한민국 사회가 '진실'의 가치를 다시금 되새기고, 역사를 통해 현명한 미래를 설계할 것을 촉구하는 강력한 경고인 셈입니다.

08
전한길의 거리 강연: 진실의 함성

"침묵하는 시대, 나는 외치기로 결심했다!"

2025년 1월 25일, 여의도 국회의사당 앞. 전한길은 마이크를 들고 거리의 교단에 섰습니다. 부산, 동대구, 금남로, 대전, 춘천, 광화문…그는 강단을 떠나 광장과 역사의 심장부로 걸어 들어갔습니다.

1. 왜 거리에 나섰는가?
- 교과서로는 가르칠 수 없었던 진실의 역사,
- 침묵하고 외면당한 헌법의 가치,
- 국민이 잊지 말아야 할 자유의 본질을 전한길은 더 이상 외면할 수 없었습니다.

그는 말했습니다.

"정치는 국민을 속일 수 있어도, 역사는 진실을 숨기지 않습니다. 나는 국민 앞에서 진실을 외칠 겁니다!"

2. 거리에서 전한 핵심 메시지

- 헌법 파괴에 침묵하지 말자!
  ㅇ "법은 종이 쪼가리가 아니다!"
  ㅇ 헌법을 무시한 권력의 전횡을 폭로하고 경고했다.

- 선관위의 중립성 파괴를 고발하다
  ㅇ "선거를 장난으로 여긴다면 민주주의는 죽는다."
  ㅇ 디지털 선거의 맹점과 시민 감시단의 필요성을 역설.

- 청년들이여, 깨어나라!
  ㅇ "너희는 희망이다! 분노하고, 준비하라!"
  ㅇ 다음 세대가 진실의 횃불을 들 것을 요청.

3. 거리의 반응: 외침은 메아리가 되어

- 시민들은 눈물을 흘렸고, 몇몇은 주먹을 불끈 쥐며 "함께 하겠다"고 다짐했다.

- 그의 강연은 강연이 아니라 선포였고, 함성은 진실의 울림이 되어 전국으로 퍼져갔다.

"거리 강연은 끝이 아니다. 이것은 새로운 시민 혁명의 시작이다." - 전한길

4. 진실의 함성

전한길의 거리 강연 "진실의 함성"은 주로 윤석열 대통령 탄핵 반대 집회와 같은 여러 대규모 시민 집회 현장에서 이루어졌으며, 자유민주주의와 헌법 수호, 그리고 사회의 진실을 알리는 메시지를 강하게 외친 연설들로 평가받습니다.

주요 내용과 특징은 다음과 같습니다.

- 전한길은 2025년 2월과 3월, 동대구역, 서울 여의도, 대전 등 전국 집회에서 수만 명이 모인 가운데 거리 강연을 진행했습니다. 특히 윤석열 대통령 탄핵 반대 집회에서 '자유의 함성'을 울리며 광장 정치와 국민 저항권 행사의 중요성을 강조했습니다.
- 그의 강연은 한국사 강의 스타일과 달리 정치적 메시지 중심으로 전환되어, 탄핵 반대와 진실을 알리는 외침으로 국민 특히 20·30 세대에게 큰 공감을 불러일으켰습니다.

집회 현장에서는 그의 발언이 많은 지지자들의 마음을 울렸다는 평가가 나옵니다.
- 전한길은 헌법재판소와 선거관리위원회 등 국가기관에 대한 비판과 함께, 자유민주주의와 법치주의가 훼손되는 것을 막기 위한 국민의 경각심을 강조하며, '제2의 건국'을 위한 국민 행동을 촉구했습니다.
- 그의 거리 강연은 심지어 위협성 이메일로 인한 신변보호가 시행될 정도로 사회적으로 큰 관심과 논란을 불러일으켰으며, 열정과 몰입을 바탕으로 한 휴먼 스토리와 진심 어린 호소가 특징입니다.
- 여러 언론 인터뷰와 현장 영상에서 그는 진실 알림의 중요성을 역설하고, 집회와 미디어를 통해 왜곡된 역사와 정치 현실에 맞서 싸우겠다는 의지를 나타내고 있습니다.

요약하자면, 전한길의 거리 강연 "진실의 함성"은 대한민국 자유민주주의 위기 상황에서 국민과 특히 젊은 세대에게 진실과 자유의 중요성을 알리기 위한 강력한 사회적 메시지이며, 그의 역사 강사로서의 명성과 더불어 정치적 활동가로서의 면모가 집약된 현장 연설로 평가됩니다.

5. 전한길의 거리 강연

한국사 강사 전한길은 강단과 온라인을 넘어, 직접 거리로 나서 시민들 앞에서 목소리를 높이는 '거리 강연'을 통해 '진실의 함성'을 울리고 있습니다. 그의 거리 강연은 단순한 정보 전달을 넘어, 왜곡된 현실과 방치된 진실에 맞서 시민들의 각성을 촉구하는 행동하는 지식인의 모습을 보여줍니다. 전한길 강사가 거리 강연을 선택한 배경에는 그가 인식하는 오늘날 대한민국의 엄중한 현실이 있습니다.

- 정보의 홍수 속 '진실의 부재': 미디어와 온라인을 통해 쏟아지는 방대한 정보 속에서 정작 '진실'은 외면되거나 왜곡되는 현상을 목격합니다. 특정 이념이나 진영 논리에 갇힌 정보들이 대중의 판단을 흐리게 한다고 봅니다.
- 방치된 역사적 진실: 그가 늘 경고하는 '왜곡된 역사'와 '방치된 진실'은 강단 내에서만 다룰 문제가 아니라고 판단합니다. 국민 개개인이 직접 진실을 접하고 올바른 역사관을 가질 수 있도록 대중과의 접점을 넓히고자 합니다.
- 시민 각성의 촉구: 그는 국민들이 수동적으로 정보를 받아들이는 것을 넘어, 능동적으로 진실을 탐구하고 사회 문제에 관심을 가지는 '깨어있는 시민'이 되어야 한다고 믿습니다. 거리 강연은 이러한 시민 각성을 직접적으로 촉

구하는 강력한 수단입니다.

6. 거리 강연의 특징: 소통과 확산의 장

전한길의 거리 강연은 그의 평소 강의 스타일처럼 직설적이고 열정적인 화법이 특징입니다. 그는 복잡한 사회 문제를 일반 시민들이 쉽게 이해할 수 있도록 명확하게 설명하고, 자신이 믿는 바를 거침없이 전달합니다.

- 역사적 맥락 제시: 현재의 문제들을 역사적 사실과 연결 지어 설명함으로써, 왜곡된 시각을 바로잡고 대한민국의 정체성을 다시금 일깨웁니다. "역사를 모르면 같은 실수를 반복한다"는 그의 신념이 거리 강연에서도 관철됩니다.
- 자유민주주의 수호 강조: 그의 거리 강연의 핵심 메시지 중 하나는 바로 '자유민주주의'의 수호입니다. 그는 대한민국의 정통성을 강조하며, 자유민주주의 체제가 위협받는 현실에 대해 강하게 경고하고 시민들에게 이를 지켜나갈 것을 호소합니다.
- 국민과의 직접 소통: 대중과의 직접적인 만남을 통해 일방적인 전달이 아닌, 현장에서 시민들의 반응을 확인하고 때로는 즉각적인 질의응답을 통해 소통하는 모습을 보입니다. 이는 그의 메시지가 더 넓은 대중에게 확산되는 계

기가 됩니다.
- 진실에 대한 열정적 호소: 그의 거리 강연은 마치 '선지자'가 대중에게 진실을 외치는 듯한 열정을 담고 있습니다. 그는 자신의 발언으로 인한 비판이나 논란에도 불구하고, 자신이 옳다고 믿는 '진실'을 알리는 데 주저함이 없습니다.

7. 거리 강연의 의미: '진실의 함성'으로 울려 퍼지다

전한길 강사의 거리 강연은 '강사'라는 직업의 영역을 넘어선 '행동하는 지식인'으로서의 면모를 보여줍니다. 이는 그가 단지 돈을 버는 일을 넘어, 대한민국의 올바른 방향을 제시하고 국민들의 의식 수준을 높이려는 사명감을 가지고 있음을 시사합니다.

그의 거리 강연은 특정 정치 세력의 집회에 참여하는 것을 넘어, '진실'과 '자유'라는 보편적 가치를 외치며 이념의 혼란 속에서 방황하는 시민들에게 나침반이 되고자 하는 그의 '함성'입니다. 이러한 함성이 더 많은 이들에게 닿아 '진실'에 대한 자각과 '자유'를 위한 행동으로 이어지기를 바라는 그의 열망이 담겨 있습니다.

09
선관위 비판과 디지털 감시 운동

1. 침묵과 방관을 깨다 – 선관위의 책임을 묻다

선거의 공정성은 민주주의의 근간입니다. 그러나 최근 선거관리위원회의 수많은 논란은 국민의 신뢰를 흔들었습니다. 전한길은 거리와 강단에서 이 침묵을 깨고, "국민이 주인인 나라에서 선거는 절대 타협할 수 없는 성역"이라 외칩니다.

– 디지털 선거, 디지털 감시로 대응하라

전한길은 On-Off 디지털공직선거시스템의 문제점에 주목하며, 기술과 시민 참여를 결합한 감시운동을 전개합니다. 디지털 감시 툴킷, 무결성 검증 매뉴얼, 시민감시단 교육 등을 통해 감시의 시스템화, 투명화, 실시간화를 촉진합니다.

- 진실을 보는 눈을 가져야 한다" – 시민의 역할 강조

그는 단순한 비판을 넘어서, "국민 한 사람 한 사람이 선거의 감시자이며, 민주주의의 파수꾼"임을 강조합니다. 감시의 일상화, 데이터의 실시간 검증, 헌법 수호의 실천은 그의 운동의 핵심입니다.

- 감시를 넘어 참여로 – 자유대한민국 지키기의 시작

전한길은 시민들이 단순한 비판자가 아닌 '참여하는 주권자'로 나서야 한다고 주장합니다. 선관위 비판은 단순한 공격이 아니라, 대한민국 자유민주주의를 지키기 위한 출발점입니다.

2. 전한길의 선관위 비판과 디지털 감시 운동에 대해 정리

- 전한길은 2025년 초부터 유튜브 등에서 선거관리위원회(선관위)를 강하게 비판하며, 특히 2024년 대선과 22대 국회의원 선거의 부정선거 의혹을 제기했습니다. 그는 전자개표 방식에 문제를 지적하고, 국정원이 선관위 보안 점검을 시도했으나 선관위가 이를 거부했다고 주장하며 선관위의 투명성과 신뢰성에 대해 의문을 던졌습니다. 이에 선관위는 수개표 방식을 사용하며, 국정원의 보안 점검 비협조 주장은 사실이 아니라고 반박했습니다.
- 전한길의 선관위 비판 영상은 조회수 300만 회 이상을 기록하며 큰 화제를 모았으나, 더불어민주당은 해당 영상과

그의 행보를 문제 삼아 구글에 신고하고, 전한길을 고발하는 등 강하게 대응했습니다. 민주당은 전한길의 부정선거 음모론을 허위 주장이라고 비판했고, 전한길은 이에 대해 정치적 탄압이라고 반발했습니다.
- 선관위 비판과 함께 전한길은 디지털 감시 운동과 관련된 이슈도 제기해왔는데, 이는 주로 정치적 탄압과 검열, 여론 조작, 사회 통제 우려에 대한 경계심에서 비롯된 것으로 보입니다. 그는 국민들이 직접 진실을 찾아 나서야 하며, 디지털 미디어와 소셜네트워크를 통해 자신과 같은 의혹 제기자들을 지지하고 감시하는 운동을 확산시키려는 의지를 나타내고 있습니다.
- 이 과정에서 전한길은 자신의 정치적 입장과 부정선거 주장, 그리고 선관위와 관련된 문제 제기가 공적인 감시와 국민 저항권 행사의 일환임을 강조하며, 전체주의적 통제에 맞서는 싸움으로 규정하고 있습니다.

요약

주요 내용	설명
선관위 부정선거 의혹 제기	선관위 전자개표 방식과 보안 점검 거부 주장 등 투명성 문제 비판
민주당 등 정치권 반발	영상 신고 및 고발, 허위 주장 비판, 정치 탄압 프레임 갈등 심화

디지털 감시 운동	국민 직접 진실 탐구와 감시, 정치적 검열과 통제에 대한 저항 운동으로 전개
전한길 입장	선관위 비판은 국민 저항권 실천과 진실 알림 운동, 전체주의적 통제에 맞서는 정치적 투쟁

이처럼 전한길의 선관위 비판은 단순한 기관 문제 제기에서 나아가, 디지털 시대 국민 참여와 정치적 감시 운동의 중요한 축으로 작동하고 있으며, 이에 대한 사회적·정치적 논쟁이 계속되고 있습니다.

3. 전한길의 선관위 비판과 디지털 감시 운동!

한국사 강사 전한길은 대한민국의 선거 관리 투명성에 대한 깊은 우려를 표하며, 특히 중앙선거관리위원회(선관위)에 대한 강도 높은 비판과 함께 디지털 감시 운동의 필요성을 역설하고 있습니다. 이는 그가 강조하는 '자유민주주의 수호'와 '공의로운 세상 만들기'의 연장선상에 있습니다.

4. 선관위 비판의 핵심: 공정성 훼손 우려

전한길 강사의 선관위 비판은 주로 선거 관리의 공정성과 투명성 훼손 우려에 집중됩니다. 그는 다음과 같은 문제들을 제기하며 국민들의 철저한 감시를 촉구합니다.

- 선거 결과의 불신 초래 가능성: 그는 선거 과정에서 발생하는 일부 논란이나 미흡한 처리들이 국민들로 하여금 선거 결과 자체에 대한 불신을 갖게 할 수 있다고 지적합니다. 이는 민주주의의 꽃인 선거의 정당성을 훼손하는 심각한 문제로 봅니다.
- 투명성 부족 및 의혹 증폭: 선거 관리 과정, 특히 개표 및 투표지 분류 과정에서의 투명성 부족이 의혹을 증폭시키고 불필요한 논란을 야기한다고 비판합니다. 그는 의혹 해소를 위해 더욱 투명하고 공개적인 선거 관리가 이루어져야 한다고 주장합니다.
- '민주주의 훼손' 가능성 경고: 전한길은 선관위의 공정성 논란이 해결되지 않으면, 이는 궁극적으로 대한민국 자유민주주의의 근간을 훼손할 수 있다고 경고합니다. 선거의 신뢰가 무너지면 국민의 정치 참여 의지가 약화되고, 이는 민주주의의 위기로 이어질 수 있다는 우려입니다.

5. 디지털 감시 운동의 필요성 강조

선관위 비판과 함께 전한길 강사가 대안으로 제시하는 것은 바로 '디지털 감시 운동'의 활성화입니다. 그는 국민 스스로가 선거 과정을 감시하고 문제가 발생할 시 이를 적극적으로 공론화해야 한다고 강조합니다.

- 국민 감시의 중요성: 그는 선관위와 같은 국가 기관의 역할도 중요하지만, 무엇보다 주권자인 국민이 직접 선거 과정을 감시하는 것이 가장 중요하다고 봅니다. 이는 민주주의의 주체가 국민임을 강조하는 그의 철학과 일맥상통합니다.
- 디지털 기술의 활용: 과거에는 제한적이었던 감시와 정보 공유가 현대에는 디지털 기술을 통해 훨씬 용이해졌음을 강조합니다. 스마트폰, 인터넷 커뮤니티, 소셜 미디어 등을 활용하여 투표 및 개표 과정을 실시간으로 기록하고 공유함으로써, 불법이나 부정 의혹에 대한 즉각적인 대응과 광범위한 감시가 가능하다고 말합니다.
- '진실'과 '공정'을 위한 자발적 참여: 디지털 감시 운동은 결국 국민들의 자발적인 참여를 통해 '진실'과 '공정'을 지켜내려는 노력의 일환입니다. 전한길은 이러한 운동을 통해 선거의 투명성을 높이고, 궁극적으로 '공의로운 세상 만들기'에 기여할 수 있다고 믿습니다.

6. 논란 속에서도 외치는 민주주의 수호

전한길 강사의 이러한 선관위 비판과 디지털 감시 운동 강조는 일각에서는 논란의 여지를 제공하기도 합니다. 그러나 그의 주장은 단순히 특정 정당이나 개인을 옹호하는 것을 넘어, 자유민주주의의 핵심 가치인 '공정성'과 '투명성'을 지켜야 한다는 깊은 소신에서 비롯됩니다.

그에게 선거의 공정성은 '자유대한민국'의 뿌리를 굳건히 하는 가장 기본적인 전제입니다. 따라서 그는 어떠한 논란에도 불구하고, 국민이 직접 참여하여 선거의 진실을 감시하고 민주주의의 본질을 수호해야 한다는 '진실의 함성'을 계속해서 외치고 있습니다.

10
청년에게 고함:
너희가 역사의 주인이다

"이 나라를 바꿀 수 있는 힘은 청년 너희에게 있다!"

나는 거리에서, 광장에서, 강연장에서, 수많은 청년들을 만났다. 그들의 눈은 맑았다. 그러나 동시에 분노로 이글거렸다. 대한민국의 청년들, 너희는 지금 역사의 갈림길에 서 있다. 그리고 나는 말한다.

"너희가 이 시대의 주인이요, 역사의 주역이다!"

1. 깨어 있는 청년이 시대를 바꾼다

과거 3.1 운동의 시작도 청년이었다. 4.19 혁명도, 6월 항쟁도 청년이 앞장섰다. 그러나 지금, 수많은 청년들이 "정치 혐오"라는 이름으로 외면하고 있다. 그러는 사이, 대한민국은 조작되고 있다. 진실은 가려지고, 권력은 거짓을 먹고 자란다. 청년이 나서야 한다. 깨어 있는 청년 한 명이 잠든 백 명의 어른보다 강하다.

2. 이념보다 진실을 좇아라

보수는 너희를 외면했고, 진보는 너희를 이용했다. 좌우의 진영논리는 청년에게 해답을 주지 못한다. 나는 말한다.

"청년이여, 이념보다 진실의 편에 서라!"

진실은 단순하다. 헌법을 지키고, 자유를 지키고, 정의를 실현하는 것. 그 단순한 진실을 가리기 위해 얼마나 많은 기만이 자행되고 있는가?

"진실을 향한 질문을 멈추지 마라!".

3. 광장은 너희를 기다린다

나는 거리에서 외쳤다. 여의도에서, 동대구에서, 부산역에서, 금남로에서 하지만 내가 진정 바랐던 건 그 자리에 청년이 함께 서는 것이었다.

청년이 광장에 나설 때, 정치가 바뀌고 청년이 질문할 때, 언론이 달라지며 청년이 분노할 때, 역사는 전진한다.

"광장은 너희를 기다리고 있다. 이제는 너희가 나설 때다!"

4. 너희가 역사의 주인이다

너희는 단지 구직자도, 취준생도 아니다. 너희는 이 시대를 움직일 지도자요, 개척자다.

정치, 언론, 교육, 사법… 모두 무너져가는 이 나라에서 희망은 오직 청년의 용기뿐이다.

그리고 나는 믿는다. 이 나라의 제2의 건국, 자유대한민국의 회복은 바로 너희 청년의 손끝에서 시작될 것임을.

"청년이여, 지금 이 순간 역사의 주인으로 일어서라! 대한민국은 너희를 기다린다!"

5. 청년 세대의 역사적 책임과 주체성

- 전한길은 청년들이 단순한 미래의 주인공이 아니라, 현재 정치·사회 격변 속에서 적극적으로 자유민주주의를 수호하고 국가 번영의 길을 여는 역사적 주인임을 역설합니다.
- 특히 자유와 법치, 국민통합 등 핵심 가치를 지키는 데 청년들의 깨어있는 의식과 행동이 절실하다고 강조합니다.

6. 세대 간 연대와 정치 참여 촉구

- 그는 60·70세대와 같은 기존 세대와의 대립보다는 세대 간 연대를 통해 국가적 위기를 극복할 수 있다고 말하며, 청년들이 직접 정치 참여와 사회운동에 나서야 함

을 당부합니다.
- 20·30세대가 중심이 되어 지역 사회와 국가의 정책 결정에 적극적으로 목소리를 내고 행동할 것을 촉구합니다.

7. 자유와 민주주의 수호의 최전선
- 전한길은 최근의 '체제 전쟁' 국면에서 청년들이 중심적 역할을 하지 않으면 자유민주주의가 흔들릴 수 있다고 경고하며, 청년들에게 '자유를 외치는 선봉' 역할을 요구합니다.
- 이를 통해 청년들이 국민 저항권과 자기 통치권을 실질적으로 행사하며, 국가의 미래를 스스로 만들어 나가야 한다고 말합니다.

8. 올바른 정보와 진실 찾기
- 전한길은 급변하는 미디어 환경 속에서 올바른 정보를 스스로 판단하고 확산시키는 것이 청년 세대의 중요한 과제임을 지적합니다.
- 허위 정보와 왜곡에 휘둘리지 않고 진실을 바탕으로 사회 문제에 참여해야 한다고 강조합니다.

9. 희망과 비전 제시

- 그는 청년들이 자기 자신과 국가, 공동체의 미래에 긍정적인 비전을 품고, 자유로운 사회에서 각자의 능력을 발휘하며 역사의 주체로 서야 한다고 격려합니다.

요약

전한길의 이 메시지는 청년 세대를 단순한 미래 세대가 아닌 현실 사회 변화를 이끄는 '역사의 주인'으로 보고, 그들의 주체적 책임과 적극적 참여를 촉구하는 강력한 당부입니다. 자유민주주의와 국가 번영을 위해 청년들이 깨우치고 행동할 때 대한민국의 밝은 미래가 가능하다는 신념을 담고 있습니다.

이를 통해 전한길은 젊은 세대의 각성과 연대, 그리고 국민적 저항의 실천을 통해 자유와 정의가 수호되길 희망합니다.

10. 전한길의 청년에게 고함: 너희가 역사의 주인이다

한국사 강사 전한길은 그의 모든 강의와 사회적 발언의 궁극적인 지향점을 청년 세대에 맞추고 있습니다. 그는 젊은이들에게 단순히 과거를 알려주는 것을 넘어, '너희가 역사의 주인이다'라는 강력한 메시지를 전달하며 능동적인 참여와 책임을 촉구합니다. 이는 그가 생각하는 '자유대한민국 제2의 번영'의 핵심이 바로 청년 세대의 역할에 달려있다는 깊은 신념에서 비롯됩니다.

11. 청년에게 거는 기대: 미래의 주역

전한길은 청년 세대를 단순히 미래의 피동적인 수혜자로 보지 않습니다. 그들에게 대한민국의 현재를 진단하고 미래를 설계할 수 있는 능동적인 주체로서의 역할을 기대합니다.

- 역사의 계승자: 그는 청년들이 한국사의 중요한 맥락과 교훈을 정확히 이해하고 계승해야 한다고 강조합니다. 과거의 성공과 실패를 통해 현재를 성찰하고 미래를 준비하는 지혜를 갖출 것을 요구합니다.
- 자유민주주의의 수호자: 전한길은 청년들이 자유민주주의 체제의 진정한 가치를 깨닫고, 이를 지키기 위한 최전선에 서야 한다고 역설합니다. 이념의 혼란과 체제 위협 속에서 젊은이들이 올바른 역사관과 가치관을 가지고 행동할 때 비로소 대한민국의 자유가 수호될 수 있다고 봅니다.
- 변화의 동력: 그는 청년 세대의 패기와 열정, 그리고 새로운 시각이 사회의 부조리와 불합리를 바로잡고 긍정적인 변화를 이끌어낼 수 있는 가장 강력한 동력이라고 믿습니다.

12. 청년들에게 던지는 메시지: 각성과 행동의 촉구

전한길 강사는 청년들을 향해 때로는 직설적이고, 때로는 따끔한 충고를 아끼지 않습니다. 그의 '고함'은 단순한 훈계가 아닌, 현실을 직시하고 행동할 것을 촉구하는 뜨거운 메시지입니다.

- '방관하지 말라'는 경고: 그는 청년들이 사회 문제에 무관심하거나 방관해서는 안 된다고 경고합니다. 개인의 성공만을 좇기보다, 자신들이 살아갈 사회의 불의와 왜곡에 대해 목소리를 내고 행동해야 한다고 강조합니다. "잘못되면 너희들이 고통받는다"는 그의 말은 단순히 위협이 아닌, 미래에 대한 진정한 염려에서 나옵니다.
- 진실을 탐구하는 지성인의 자세: 왜곡된 역사와 방치된 진실에 맞서 청년들이 스스로 진실을 탐구하고, 비판적인 사고로 정보를 판단할 것을 요구합니다. 맹목적인 믿음이나 편향된 시각에서 벗어나 균형 잡힌 시각을 가질 때 진정한 '역사의 주인'이 될 수 있다는 것입니다.
- 용기와 책임감 부여: 그는 청년들에게 '너희가 역사의 주인'이라는 사실을 자각하고, 그에 따른 용기와 책임감을 가질 것을 당부합니다. 잘못된 것을 바로잡고, 더 나은 미래를 위해 기꺼이 나서서 싸울 수 있는 용기를 북돋아 줍니다.

13. 청년 세대와의 동행: 희망의 메시지

전한길은 자신의 모든 강의와 사회 활동이 궁극적으로 청년 세대에게 올바른 길을 제시하고 희망을 주는 것에 있다고 말합니다. 그가 선관위 비판이나 거리 강연을 통해 진실을 외치는 것도, 결국 청년들이 주인이 될 세상이 더욱 공정하고 자유로워지기를 바라는 마음에서 출발합니다.

그의 '청년에게 고함'은 역사의 무게를 젊은 세대에게 떠넘기는 것이 아니라, 그들에게 대한민국의 미래를 이끌어갈 무한한 잠재력과 책임을 부여하며 함께 나아가고자 하는 교육자이자 선배로서의 진심 어린 동행의 메시지입니다. 전한길의 외침은 청년 세대가 역사의 방관자가 아닌 능동적인 '주인'으로서 대한민국의 미래를 개척해나가기를 바라는 간절한 염원이 담겨 있습니다.

11
전한길 거리에서 기도하다:
신앙과 정의의 만남

사람들은 묻는다. 왜 전한길은 거리에서 기도하는가? 왜 그는 분노의 함성 사이에, 침묵의 기도를 올리는가?

그의 기도는 단순한 종교적 행위가 아니었다. 그것은 불의에 맞서는 한 사람의 '신앙 선언'이었고, 타락한 권력 앞에서 진실을 구하는 '정의의 선포'였다.

거리에서 기도한다는 것은 하늘을 바라보며, 땅의 고통을 껴안겠다는 약속이다. 그는 국회의사당 앞에서, 부산역 광장에서, 동대구역에서… 하나님께 무릎 꿇고, 백성을 위해 목소리를 높였다.

"하나님, 이 나라를 다시 세워주소서. 거짓이 물러가고, 정의가 흐르게 하소서!"

그는 교회 안이 아닌 광장에서 기도했다. 교회 울타리 안에서만 울려 퍼지던 신앙을, 세상 속 고통의 한복판으로 끌고 나왔다. 신앙이란 결국 '행동하는 진리'여야 한다는 믿음 때문이었다.

정치는 타락했고, 법치는 무너졌고, 언론은 침묵했고, 선관위는 외면했다. 하지만 그는 침묵하지 않았다. 그는 무릎 꿇고 기도하면서, 동시에 외쳤다.

"진실은 침묵하지 않는다! 신앙은 정의를 외면하지 않는다!"

전한길에게 신앙은 사적인 믿음이 아니라, 공적인 정의의 언어였다. 그의 기도는 시대의 아픔을 품고 있었고, 그의 외침은 하나님의 뜻을 갈망하는 절규였다. 그리하여 마침내, 거리에서 드린 기도는 수많은 이들의 마음을 움직였고, 깨어 있는 시민들의 심장을 울렸다.

전한길의 "거리에서 기도하다: 신앙과 정의의 만남"은 그의 개인적인 신앙 고백과 사회 정의, 자유민주주의 수호의 메시지가 결합된 의미 깊은 행위입니다. 그는 과거 25억 원이라는 큰 빚과 인생의 밑바닥에서 신앙의 힘으로 일어나 현재에 이르렀다고 여러 차례 간증해 왔습니다. 전한길에게 기도는 단순히 자신의 바람을 하나님께 구하는 행위가 아니라, 하나님의 뜻을 묻고 듣는 과정이며, 신앙과 인내를 통해 정의와 자유를 이루려는 실천적 자세를 상징합니다.

거리에서의 기도는 그가 강연과 시민 집회에서 자유민주주의와 국가 번영, 국민 통합을 촉구하는 메시지와 맞닿아 있습니다. 기도를 통해 개인과 공동체가 하나님의 인도와 뜻을 따르고, 사회적 혼란과 갈등 속에서 정의롭고 조화로운 세상을 만드는 데 헌신해야 한다는 중대한 의미를 담고 있습니다. 이는 단지 종교적 행위를 넘어 신앙을 바탕으로 한 사회적 책임과 저항의 표현으로 볼 수 있습니다.

요약
- 전한길의 기도는 그의 신앙 고백으로 시작해, 특히 고난과 시련 속에서 신앙의 힘으로 일어나게 한 원천으로 여겨집니다.
- 기도는 하나님의 뜻을 묻고 따르는 행위로, 사회 정의와 자유민주주의 수호의 정신과 연결됩니다.
- 거리에서의 기도는 정치·사회적 갈등과 체제 위기 속에서 국민 저항과 자유·법치 수호의 의지를 표현하는 상징적 행위입니다.
- 그의 신앙과 정의 실천은 개인의 내면 신앙을 사회적, 국가적 차원의 행동과 연결하는 통로로 작용합니다.

이처럼 전한길의 거리 기도는 신앙과 정의, 자유의 만남을 실현하는 중요한 상징적 행위라 할 수 있습니다.

한국사 강사 전한길은 그의 강연과 사회 활동뿐만 아니라, 공개적인 장소에서 '기도' 하는 모습을 통해 신앙과 정의에 대한 확고한 신념을 드러내고 있습니다. 이는 그가 단지 이성적인 논리나 역사적 사실에만 기반하는 것이 아니라, 더 큰 영적인 힘과 도덕적 가치에 대한 믿음으로 현실을 마주하고 있음을 보여주는 상징적인 행위입니다.

1. 기도의 의미: 영적인 간절함과 사회 정의

전한길에게 기도는 단순히 개인적인 신앙 행위를 넘어, 자신이 마주하는 사회 문제와 대한민국 현실에 대한 영적인 간절함과 정의 실현을 향한 염원의 표현입니다. 그가 거리에서 기도하는 모습은 다음과 같은 의미를 내포합니다.

- 진실과 정의를 향한 간구: 그는 왜곡된 역사와 방치된 진실, 그리고 이념적 혼란 속에서 대한민국이 올바른 길을 찾기를 간절히 바랍니다. 기도는 이러한 사회적 불의와 혼란 속에서 정의가 바로 서고 진실이 드러나기를 바라는 그의 깊은 염원이 담겨 있습니다. 이는 그가 믿는 '옳

은 이치(理)'가 세상에 구현되기를 바라는 '재세이화'의 정신과도 연결됩니다.
- 국가와 민족을 위한 헌신: 전한길은 자신이 가르치는 역사의 대상인 대한민국과 그 민족의 번영과 평화를 위해 기도합니다. 특히 미래 세대가 자유롭고 공정한 세상에서 살아가기를 바라는 마음을 담아, 국가적 난관을 극복하고 제2의 번영을 이룰 수 있도록 하늘의 뜻을 구하는 행위로 볼 수 있습니다.
- 신앙에 기반한 용기: 공개적인 장소에서의 기도는 그만큼 자신의 신념과 신앙을 대중에게 드러내는 용기 있는 행동입니다. 이는 그가 자신의 주장이 비판과 논란에 직면하더라도, 더 큰 가치와 믿음에 기반하여 굴하지 않고 나아가겠다는 의지를 보여줍니다. 신앙이 그에게 불의에 맞설 수 있는 힘과 확신을 준다는 것을 시사합니다.

2. 신앙과 행동의 조화: 진정한 영향력

전한길의 '거리 기도'는 그의 언변과 강연만큼이나 강력한 메시지를 전달합니다. 이는 그가 단순히 이론을 설파하는 지식인이 아니라, 자신이 믿는 바를 행동으로 옮기는 실천적인 인물임을 보여줍니다.

- 내면적 가치관의 표출: 기도는 가장 사적이고 내밀한 신앙 행위이지만, 이를 공개적인 장소에서 행함으로써 그는 자신의 사회적 주장이 깊은 내면의 가치관과 신앙에 뿌리를 두고 있음을 보여줍니다. 이는 그의 메시지에 진정성과 무게감을 더합니다.
- 소통의 또 다른 방식: 말과 글을 통한 소통을 넘어, 기도를 통해 시민들에게 영적인 공감과 울림을 선사합니다. 이는 이성적인 설득을 넘어 감성적, 영적인 차원에서 대중과 연결되고자 하는 시도로 해석될 수 있습니다.
- 희망과 연대의 메시지: 어렵고 힘든 현실 속에서 기도는 좌절하는 이들에게 희망의 메시지를 전달하고, 같은 뜻을 가진 이들과의 연대감을 형성하는 계기가 될 수 있습니다. 이는 그가 '혼자가 아니다'라는 위로와 함께, 함께 힘을 모아 더 나은 세상을 만들자는 무언의 요청이기도 합니다.

전한길의 '거리 기도'는 그가 가진 신앙이 단순한 개인적 위안을 넘어, 사회적 정의를 실현하고 국가의 안녕을 염원하는 강력한 동력이 됨을 보여주는 상징적인 행동입니다. 이는 그의 사상과 행동이 영적인 깊이를 더하며, 많은 이들에게 공감과 성찰의 기회를 제공합니다.

3장

위기 속의 길 찾기 — 자유민주주의 수호

꽃보다 진한 길

전한길은 현재 대한민국의 자유민주주의 체제가 심각한 위협에 처해 있다고 인식하며, 이를 지키기 위한 강력한 사회적·정치적 활동과 국민 참여를 촉구하는 메시지와 현장에 몸으로 활동하고 있습니다.

　구체적으로 전한길의 자유민주주의 수호 활동과 철학은 다음과 같습니다.

- 체제 전쟁과 위기 인식: 전한길은 대한민국이 '제2의 홍콩'과 같은 반자유주의 국가로 전락할 위기에 처해 있으며, 특히 친중·친북 세력의 영향력 확대, 사회주의화를 우려하며 자유민주주의를 보호하기 위한 전 국민적 각성과 행동을 강조합니다.

- 국민저항권과 참여 촉구: 그는 국민저항권을 포함해 국민이 정치 권력을 직접 통제해야 한다고 주장하며, 특히 20·30 등 청년 세대가 중심이 되어 자유민주주의와 법치, 공정을 지키는 데 앞장설 것을 촉구합니다.
- 법치주의·자유시장경제·한미동맹 강조: 자유민주주의의 핵심 축으로 법치주의, 자유시장경제, 한미동맹을 내세우며, 이 가치들이 흔들릴 경우 국가 번영과 자유가 위협받는다고 봅니다.
- 대통령 탄핵 반대 및 국가 시스템 복구: 윤석열 대통령 탄핵 시도에 반대하며, 대통령 직무 정상화와 국가 시스템의 안정적 복귀를 통해 자유민주주의 기반을 확실히 지켜야 한다는 입장입니다.
- 언론과 정보 투명성 강화: 전한길은 진실을 알리는 언론의 중요성을 강조하며, 자신의 방송과 신문 창간 활동 등을 통해 자유민주주의 확산과 국민 통합에 기여하려는 노력을 진행 중입니다.
- 국민 변호인단 조직 등 구체적 운동: 자유민주주의 수호를 위한 집회, 국민 변호인단 등 조직적 운동을 주도하며, 국민들이 함께하고 목소리를 내는 공동체 형성을 강조합니다.
- 체제 위기 극복과 국민통합 메시지: 이념적 갈등과 사회 분열을 넘어 국민 모두가 자유민주주의 가치를 공유하고

세대 간 연대를 통해 국가적 위기를 극복해야 한다고 주장합니다.

전한길의 이러한 활동은 단순한 정치적 발언을 넘어서, 실제 국민 참여를 동원하는 사회 운동이며, 자유민주주의 가치 수호와 국가 번영을 위한 전 국민적 연대와 행동을 조직하는 방식으로 전개되고 있습니다.

요약

주요 내용	설명
대한민국 자유민주주의 위기 인식	제2의 홍콩 등 체제 위기 경고, 반자유주의 세력 경계
국민저항권과 청년 참여 촉구	20·30 중심 적극적 국민 참여, 정치 권력 통제 강조
법치·시장경제·한미동맹 수호	자유민주주의 핵심 축으로 국가 번영과 자유 보장
윤석열 대통령 탄핵 반대 및 시스템 복구	직무 정상화 통한 국가 시스템 안정화와 자유민주주의 확보
언론 활동 및 정보 투명성 강화	신문 창간과 방송 활동 통해 진실 알림, 국민 통합과 자유 확산 노력
국민 변호인단 조직 등 사회운동	집회, 조직 운동 주도로 국민 동원과 공동체 형성
국민통합과 세대 간 연대	이념 갈등 극복, 자유민주주의 가치를 통한 국민 통합과 미래 지향

전한길의 위기 속의 길 찾기-자유민주주의 수호는 현재 한국 사회의 복잡한 정치·사회 갈등 속에서 자유와 법치, 국민 권리의 수호를 최우선 과제로 삼아 실천적 사회운동을 펼치고자 하는 철학과 행동 양식을 보여줍니다.

1. 위기의 본질: 자유민주주의에 대한 도전

전한길은 지금의 위기가 단순히 경제적 어려움이나 사회적 갈등을 넘어, 대한민국을 지탱하는 자유민주주의라는 기둥이 흔들리는 근본적인 문제라고 진단합니다.

- 이념적 혼란과 분열: 그는 우리 사회가 좌우 이념 대립을 넘어, 진영 논리에 갇혀 상식과 비상식, 진실과 거짓마저 왜곡되는 혼란을 겪고 있다고 봅니다. 이러한 혼란은 합리적인 토론과 비판을 불가능하게 만들어 자유민주주의의 핵심 작동 원리를 마비시킬 수 있다고 경고합니다.
- 체제 부정 시도: 일부 세력에 의한 대한민국의 건국 역사와 자유민주주의 체제 자체를 부정하거나 폄훼하려는 시도에 대해 강력히 비판합니다. 이러한 시도는 국가의 정통성과 국민적 합의를 허물어뜨려 체제 위기를 불러올 수 있다고 우려합니다.
- 사법 시스템 및 선거 공정성 위협: 그는 선관위 비판에서

볼 수 있듯이, 민주주의의 근간인 선거의 공정성과 사법 시스템의 신뢰가 흔들리는 현상에 대해 깊은 우려를 표합니다. 이러한 요소들이 훼손될 경우, 국민의 자유로운 의지 표명과 민주주의적 통치가 불가능해질 수 있다고 봅니다.

2. 위기 속의 길: 자유민주주의의 원칙 고수

전한길은 이러한 위기 속에서 길을 찾는 핵심 열쇠가 바로 자유민주주의의 기본 원칙과 가치를 굳건히 지키는 것이라고 역설합니다.

- 개인의 자유와 권리 존중: 그는 자유민주주의가 모든 국민 개개인의 자유와 인간으로서의 존엄성을 보장하는 체제임을 강조합니다. 개인의 자유가 억압받거나 침해될 때, 사회 전체의 활력과 창의성이 저해되며, 이는 결국 국가적 위기로 이어진다고 봅니다. '홍익인간'의 정신이 바로 모든 개인의 자유로운 번영을 추구하는 것과 연결된다는 것이 그의 일관된 주장입니다.
- 법치주의와 공의로운 질서 확립: '재세이화'의 정신처럼, 그는 사회의 '이치'와 '정의'가 법치주의를 통해 구현되어야 한다고 강조합니다. 법과 원칙이 무너진 사회는 혼란과 불신으로 가득 차게 되며, 이는 자유민주주의 체제를

위협하는 가장 직접적인 요인이 됩니다. 그는 공정한 법 집행과 원칙에 입각한 사회 질서가 위기 극복의 필수 조건이라고 말합니다.
- 진실과 상식의 회복: 왜곡된 역사와 방치된 진실에 대한 비판은 그가 자유민주주의를 수호하기 위한 중요한 과정입니다. 거짓과 선동이 아닌 객관적인 사실과 보편적인 상식에 기반하여 사회적 논의가 이루어져야만, 건전한 여론 형성과 합리적인 의사결정이 가능하다고 봅니다.

3. 국민에게 부여하는 사명: 역사의 주인으로 행동하라

전한길은 위기 속에서 자유민주주의를 수호하는 궁극적인 책임이 국민, 특히 미래 세대인 청년들에게 있다고 강조합니다.

- 주인의식과 참여: 그는 국민들이 수동적인 방관자가 아닌, 대한민국의 역사를 만들어가는 능동적인 주인으로서 적극적으로 사회 문제에 관심을 가지고 참여할 것을 촉구합니다. 투표, 감시, 비판적 목소리 내기 등 다양한 방식으로 자유민주주의 수호에 동참해야 한다고 역설합니다.
- 지성과 용기: 그는 청년들에게 올바른 역사관과 가치관을 가질 것, 그리고 불의와 타협하지 않는 용기를 가질 것을 당부합니다. 거짓과 불의에 맞서 진실을 외치는 그의

'거리 강연'과 '기도'는 이러한 행동의 중요성을 몸소 보여주는 사례입니다.

전한길은 대한민국이 겪는 현재의 위기가 자유민주주의라는 핵심 가치를 다시금 되새기고 굳건히 할 기회라고 봅니다. 그의 외침은 단순히 과거를 알리는 강사의 목소리를 넘어, 위기 속에서 대한민국의 나아갈 길을 제시하고 국민들의 각성을 촉구하는 자유민주주의 수호자의 간절한 염원입니다.

12
전체주의의 유혹, 자유의 방패

 전한길의 「12. 전체주의의 유혹, 자유의 방패!」는 자유민주주의 체제가 흔들리는 시대에 맞서 전체주의의 위험을 경고하고, '자유'라는 보편적 가치를 수호하기 위한 국민적 저항과 각성을 강조하는 메시지입니다. 이는 앞서 그가 강조한 자유, 법치, 주권, 민족정신, 그리고 국민 참여의 연장선에서 이해할 수 있습니다.

1. 전체주의의 유혹: 은밀하게 다가오는 통제의 그림자

 전한길은 한국 사회와 세계 정치 흐름 속에서 전체주의적 경향(권위주의·집단주의·국가주의)의 확산을 우려합니다. 그는 전체주의가 다음과 같은 방식으로 사회를 잠식할 수 있다고 경고합니다.

- 자유보다 '안정'을 내세운 통제 강화

"국가가 다 알아서 해준다"는 구호 아래 개인의 자율성과 권리가 제약되고, 정권과 기관을 중심으로 사회 전반이 통제되기 쉬운 구조가 만들어진다고 봅니다.

- 이념에 따른 분열과 프레임 전쟁

전체주의는 대중을 '우리 vs. 그들', '애국 vs. 반역' 등으로 이분법화해 다수의 동의를 유도하고 반대자를 탄압하는 경향이 있습니다.

- 정보 통제와 여론 조작

언론과 SNS, 교육 시스템 등을 통제하거나 왜곡된 정보만 제공하면서 국민의 판단력과 저항 의지를 약화시킵니다.

2. 자유의 방패: 전체주의에 맞서는 국민 저항

이에 맞서 전한길이 제시하는 '자유의 방패'는 다음 요소들로 구성됩니다.

- 헌법 정신의 수호

헌법 1조의 국민주권 및 자유민주주의 체제를 중심으로, 국민의 주인 의식을 실천하고, 권력 남용이나 독재를 견제해야 한다고 강조합니다.

- 법치주의와 적법 절차의 존중

판결이나 행정권이 국민 자유를 제한하는 방식이 아닌, 정당한 절차와 법적 근거를 따라야 하며, 전체주의적 강압을 경계해야 한다고 주장합니다.

- 국민 참여와 저항 권리 실천

국민은 '표' 이상의 능동적 주체이며, 필요 시 거리로 나와 자유를 지켜야 한다는 '국민 저항권' 실천을 강조합니다. 그는 이를 '국가의 외벽이 무너질 때, 자유를 지키는 최후의 방패는 깨어 있는 국민'이라고 표현합니다.

- 진실 탐구와 정보 자율성 회복

디지털 검열이나 왜곡된 언론에 속지 않고, 국민 스스로 진실을 판별하고 공유하는 '디지털 자유 의식'의 확산이 필요하다고 강조합니다.

3. 이념보다 자유, 분열보다 통합

전한길은 "자유는 명확한 좌우가 없는 가치"며, 전체주의적 프레임에 빠질 때 가장 중요한 자유 자체가 무력화된다고 경고합니다. 따라서 그는 정치 진영이나 이념을 넘어서 자유를 중심으로 국민 모두가 연대해야 한다고 주장합니다.

요약

구분	내용
전체주의의 특징	통제 강화, 이념 분열, 정보 조작, 자율 억제
자유의 방패	헌법 수호, 법치주의, 국민 참여, 진실 추구
전한길의 핵심 메시지	전체주의 유혹에 빠지지 말고, 국민이 자유를 지키는 투사여야 함

"전체주의는 조용히 침투하고, 자유는 싸워서 지켜야 한다. 자유는 스스로 각성하고 깨어 있는 자들의 방패다." - 전한길

이와 같이 전한길은 현실의 정치 위기와 사회 혼란 속에서 자유가 저절로 주어지는 것이 아니라 국민의 통찰과 실천적 용기로만 지켜질 수 있다는 강력한 민주주의적 신념을 드러냅니다.

4. 전체주의의 유혹, 자유의 방패

한국사 강사 전한길이 '자유대한민국'의 수호를 끊임없이 역설하는 배경에는 현대 사회에 드리워진 '전체주의의 유혹'에 대한 깊은 경계심이 자리하고 있습니다. 그는 역사의 교훈을 통해 전체주의가 어떻게 개인의 자유를 억압하고 사회를 파멸로 이끌었는지 상기시키며, 이에 맞설 수 있는 유일한 방

패가 바로 '자유'임을 강조합니다.

5. 전체주의의 유혹: 역사의 반복 경고

전체주의는 개인의 모든 것이 국가나 특정 이념에 종속되고, 개인이 아닌 집단이나 당의 목표가 절대적인 가치가 되는 체제입니다. 전한길 강사는 과거 역사 속에서 전체주의가 인류에게 얼마나 큰 고통을 안겨주었는지 강조하며, 현대 사회에도 그 유혹이 여전히 존재한다고 경고합니다.

- 획일성과 통제: 전체주의는 다양성을 부정하고 획일적인 사고방식을 강요하며, 비판과 반대를 허용하지 않습니다. 이는 개인의 창의성과 자유로운 표현을 질식시키고, 사회를 경직되게 만듭니다.
- 선동과 배제: 전체주의는 특정 이념이나 인물을 절대화하고, 이에 반대하는 세력을 '적'으로 규정하여 배제하고 탄압하는 경향이 있습니다. 이는 사회를 극심한 분열과 갈등으로 몰아넣습니다.
- 진실의 왜곡: 전체주의는 권력 유지를 위해 역사를 왜곡하고, 정보를 통제하며, 거짓을 진실처럼 포장합니다. 전한길 강사가 '왜곡된 역사, 방치된 진실'을 경고하는 이유와 일맥상통합니다.

- 개인의 소멸: 궁극적으로 전체주의는 개인의 존엄과 가치를 부정하고, 개인이 오직 집단을 위한 도구로 전락하게 만듭니다. 이는 '홍익인간' 사상과 정면으로 배치되는 가장 위험한 지점입니다.

6. 자유의 방패: 개인의 존엄과 사회의 활력

전한길 강사는 이러한 전체주의의 유혹에 맞설 수 있는 가장 강력한 방패가 바로 '자유'라고 역설합니다. 그에게 자유는 단순히 방임이 아니라, 책임과 상식이 동반된 자유이며, 이는 대한민국의 번영을 이끄는 핵심 동력입니다.

- 개인의 존엄성 보호: 자유는 개인이 주체적인 존재로서 존엄성을 유지하고, 스스로 생각하고 판단하며 행동할 수 있는 기반을 제공합니다. 이는 모든 인간을 존중하고 이롭게 하려는 홍익인간 정신의 핵심입니다.
- 창의성과 발전의 원동력: 자유로운 사고와 표현, 경쟁은 혁신과 발전을 이끌어내는 원동력입니다. 전체주의가 사회를 정체시키는 반면, 자유는 새로운 아이디어를 창출하고 사회를 역동적으로 변화시킵니다. 이는 '재세이화'의 정신, 즉 '이치로 세상을 변화시키는' 힘이 됩니다.
- 다양성과 포용: 자유는 다양한 의견과 가치의 공존을 허

용하며, 이를 통해 사회는 더욱 풍부하고 성숙해질 수 있습니다. 이는 편협한 전체주의와 달리, 포용력 있는 '인류 공영'의 정신을 실현할 수 있는 길을 열어줍니다.
- 민주주의의 핵심: 자유는 민주주의의 가장 중요한 요소입니다. 자유로운 선거, 언론의 자유, 집회 및 결사의 자유 등은 민주주의가 제대로 작동하기 위한 필수 조건이며, 이는 '공의로운 세상'을 위한 기본 전제입니다.

7. 역사적 교훈을 통한 '자유 수호'의 강조

전한길 강사가 역사를 통해 청년들에게 끊임없이 강조하는 것은 바로 자유를 지키기 위한 투쟁의 역사입니다. 일제강점기의 독립운동, 6.25 전쟁에서의 자유 수호, 그리고 민주화 과정의 희생들은 모두 자유를 쟁취하고 지켜내기 위한 우리 민족의 노력임을 역설합니다.

그는 이러한 역사적 교훈을 바탕으로, 현재의 '자유민주주의' 체제는 결코 거저 얻어진 것이 아니며, 끊임없는 관심과 노력을 통해 지켜나가야 할 소중한 가치임을 상기시킵니다. '전체주의의 유혹'은 언제든 다시 찾아올 수 있기에, '자유의 방패'를 굳건히 하는 것이야말로 대한민국이 '제2의 번영'을 이루고 평화로운 미래를 맞이할 수 있는 유일한 길임을 강조합니다. 그의 외침은 자유를 향한 영원한 파수꾼의 역할입니다.

13
비상계엄 논란과 시민의 힘

1. 전한길과 관련한 비상계엄 논란

전한길과 관련한 비상계엄 논란은 다음과 같은 주요 내용과 전개가 있습니다.

- 전한길은 2024년 12월 3일 윤석열 대통령이 비상계엄을 선포했을 때 처음에는 비판적 입장을 보였습니다. 당시 그는 "비상계엄 선포가 가장 잘못됐다" "윤석열 대통령이 자유로울 수 없다"고 말하며 비상계엄을 강하게 문제 삼았습니다. 실제로 비상계엄 직후 자신의 유튜브 영상에 '비상계엄은 미친 짓'이라는 문구를 넣으며 비판했다는 점도 있습니다.
- 하지만 시간이 지나면서 전한길의 입장은 크게 달라졌습

니다. 그는 윤석열 대통령 탄핵 반대 운동에 적극 참여하며 '국민변호인단'에도 가입하고, 비상계엄을 '계몽령'(계엄령을 비유하는 말)이라고 하면서 사실상 옹호하는 발언을 하였습니다. 이를 통해 윤 대통령 지지세력 결집에 기여하는 모습을 보였습니다.

- 전한길은 비상계엄을 둘러싼 논란에서 "이번 사태의 원흉은 선거관리위원회(선관위)"라고 주장하며 부정선거 의혹과 연결 지었습니다. 그는 선관위가 감사원 감사와 국가정보원의 조사를 거부하고 북한 해킹 의혹에 대해서도 비협조적이라며, '감시받지 않는 절대 권력은 부패하기 마련'이라고 비판했습니다. 이를 대통령이 바로잡기 위해 계엄을 선포했다는 의혹을 제기했습니다.
- 이에 대해 선관위는 전한길 주장을 공식 반박하며, 한국 선거는 수개표 방식이고 투표지 검증 절차도 강화되었으며, 국정원 보안 점검 거부 주장은 사실이 아니라고 밝혔습니다. 더불어민주당 등 정치권은 전한길을 허위주장 및 음모론 확산자로 강하게 비판하면서 구글 신고와 고발까지 했습니다.
- 전한길은 이러한 논란 속에서도 자신의 주장을 '국민 저항권 행사'와 '진실 알림 운동'의 일환으로 보고, 자신에 대한 '극우' 프레임과 정치 탄압을 '가스라이팅'이라 반

박하고 있습니다.
- 한편, 논란이 커지자 전한길은 2025년 초 강단에서 물러나 '정치 편향' 논란 끝에 일정 부분 활동을 중단하기도 하였으나, 여전히 SNS와 집회에서 영향력을 유지하고 있습니다.
- 시민의 힘 차원에서는, 그의 주장을 지지하는 20·30 세대 등이 국민변호인단 등 조직적 시민운동에 참여하며 자유민주주의 수호와 진실 찾기 운동으로 확산시키려는 움직임도 동시에 나타났습니다.

정리하면, 전한길의 비상계엄 논란은 최초 비판에서 옹호로의 입장 변화, 선관위 부정선거 의혹 제기, 입법기관의 행정부에 대한 끊임없는 탄핵, 예산삭감 등에 따른 대통령의 계엄 불가피론을 인식에 대해서 정치권·선관위의 강력한 반박과 사회적 논쟁으로 이어졌습니다. 이 과정에서 전한길은 자신의 행동을 국민 참여 민주주의와 저항권 행사로 규정하며 시민들의 자유와 진실 수호 동력으로 작용하려 하고 있습니다.

따라서 비상계엄 논란은 전한길 개인의 정치적 스탠스 변화와 국민운동 측면의 시민 참여가 결합된 복합적 현상으로 이해할 수 있습니다.

2. 비상계엄 논란과 시민의 힘

최근 대한민국을 뒤흔든 비상계엄 선포 논란은 전한길 강사가 끊임없이 강조해온 자유민주주의의 위기와 시민의 역할을 극명하게 보여주는 사건이었습니다. 헌정 질서를 위협하는 중대한 상황 속에서 국민의 적극적인 대응이 어떻게 자유의 방패가 될 수 있는지를 여실히 드러냈습니다.

3. 비상계엄 논란: 헌정 질서의 위협

'비상계엄'은 전쟁, 천재지변 또는 중대한 재정·경제상의 위기, 공공질서의 극심한 교란 등으로 인해 국가의 안녕 질서가 위태로울 때, 대통령이 헌법에 따라 선포할 수 있는 특별 조치입니다. 이는 국민의 기본권을 제한하고 군이 치안을 담당하는 등 비상적인 권한을 발동하는 것으로, 민주주의 국가에서는 매우 신중하게 접근해야 할 최후의 수단입니다.

최근의 비상계엄 선포 논란은 다음과 같은 점에서 심각한 우려를 낳았습니다.

- 민주적 절차의 무시: 계엄 선포 과정에서 헌법이 규정한 국회 동의 절차를 회피하려 했다는 의혹은 민주주의의 핵심 원칙인 절차적 정당성을 심각하게 훼손하는 행위로 비판받았습니다.

- 국민 기본권 침해 우려: 계엄 선포의 내용은 사실상 국민의 언론, 집회, 결사의 자유 등 핵심적인 기본권을 광범위하게 제한하려는 시도로 해석되어 국민적 저항을 불러일으켰습니다.
- 사회 혼란과 갈등 증폭: 계엄 선포는 사회에 극심한 혼란과 불신을 야기했으며, 국민들 간의 이념적, 정치적 갈등을 최고조로 끌어올렸습니다.

4. 시민의 힘: 자유의 방패를 들다

이러한 비상계엄 선포 논란 속에서 가장 주목할 만한 것은 바로 시민들의 즉각적이고 강력한 대응이었습니다.

- 자발적인 정보 공유와 확산: 언론 통제가 예상되는 상황 속에서도 시민들은 소셜 미디어와 온라인 커뮤니티 등을 통해 계엄령 소식을 빠르게 공유하고 확산시켰습니다. 이는 '왜곡된 정보'와 '진실 방치'에 맞서 '진실'을 알리고자 하는 시민들의 자발적인 노력이었습니다.
- 거리로 나선 저항: 많은 시민이 자발적으로 거리로 나와 계엄령 선포에 반대하는 목소리를 높였습니다. 이는 '자유를 위한 외침'이자 헌정 질서 수호를 위한 직접 행동으로, 어떠한 탄압에도 굴하지 않는 민주 시민의 저항 정신

을 보여주었습니다.
- 정치권과 제도권의 각성 촉구: 시민들의 강력한 반발은 국회와 언론 등 제도권이 신속하게 움직여 계엄령 해제를 촉구하고, 관련 절차를 밟도록 하는 압력으로 작용했습니다. '너희가 역사의 주인이다'라는 전한길 강사의 외침처럼, 주권자인 시민이 직접 나서서 위기를 막아낸 것입니다.
- 헌법 수호의 의지 확인: 비상계엄 논란에 대한 시민들의 대응은 단순히 특정 정치 세력에 대한 반대가 아니라, 대한민국 헌법이 보장하는 자유민주적 기본 질서와 국민 기본권을 수호하려는 강력한 의지를 다시 한번 확인시켜 주었습니다.

5. 민주주의 수호의 최후 보루는 시민

이번 비상계엄 논란과 그에 대한 시민들의 대응은 전한길 강사가 그동안 강조해온 자유민주주의의 의미와 시민의 역할을 명확하게 입증한 사례입니다. 아무리 강력한 권력이라도 헌법과 민주주의의 가치를 훼손하려 할 때, 깨어있는 시민들의 용기 있는 행동이야말로 이를 막아낼 수 있는 가장 강력한 '자유의 방패'임을 보여주었습니다.

이는 대한민국 민주주의의 힘이 어디에 있는지를 다시 한번 일깨우는 중요한 역사적 순간이었습니다.

14
선거, 헌법,
그리고 시민의 감시

1. 개요

"민주주의는 감시받을 때 진짜다!"

선거는 민주주의의 심장이며, 헌법은 그 심장을 지키는 보호막이다. 그러나 부정과 조작의 그림자가 드리우는 순간, 그 보호막은 쉽게 찢긴다. 전한길은 이를 방치하지 않았다. 디지털 감시 도구를 손에 들고 거리로 나섰고, 선거의 투명성을 요구하며 국민 감시단 조직을 촉구했다. 그는 외쳤다. "주권은 국민에게 있고, 감시는 권리이자 의무다!" 이 글에서는 헌법적 관점에서 본 선거 무결성, 중앙선관위에 대한 비판, 그리고 시민의 실질적 감시 역량 강화를 위한 운동을 조명한다.

2. 선거, 헌법, 그리고 시민의 감시

"선거, 헌법, 그리고 시민의 감시!"에 대해 정리하면 다음과 같습니다.

- 전한길은 2024년 대선과 22대 국회의원 선거 과정에서 부정선거 의혹을 강하게 제기하며 선거의 공정성과 투명성 문제를 집중적으로 다뤘습니다. 특히 전자개표 방식과 사전투표 제도의 문제, 선거관리위원회(선관위)의 투명성 부족을 비판하며 개혁을 촉구했습니다. 그는 사전투표관리관의 사인을 투표용지에 직접 찍도록 하는 등 사전투표 관리 개선을 요구하기도 했습니다.
- 그가 주장하는 부정선거 의혹은 국민의힘 등 보수 정치권 일부에서 공감대를 얻으며 일부 토론회와 집회에서 활발히 논의되고 있습니다. 전한길 본인은 선관위가 국정원의 보안 점검을 거부했다는 주장도 했지만, 선관위와 국정원은 이를 부인하며 수개표 방식과 투명성 강화를 수차례 밝힌 바 있습니다.
- 전한길은 헌법 정신 수호와 국민 주권 실현의 관점에서 시민의 감시와 저항권 행사를 강조합니다. 즉, 선거의 공정성과 민주주의 수호를 위해 국민들이 직접 정보 탐색과 감시에 나서야 하며, 왜곡된 정보와 권력의 통제를 경계

해야 한다고 봅니다. 이것은 그가 주장하는 '국민 저항권'과 '디지털 감시 운동'의 연장선으로 이해할 수 있습니다.
- 또한, 전한길은 대한민국 헌법과 민족정신의 접점을 강조하며, 헌법이 명시한 국민주권과 자유민주주의를 근간으로 한 선거 감시의 중요성을 역설합니다. 그는 불공정하거나 왜곡된 선거 과정이 헌법 파괴 행위가 될 수 있다고 경고하면서 시민 참여와 감시가 헌법 가치 실현의 필수 조건임을 주장합니다.
- 그의 활동은 유튜브 채널, 대중 강연, 언론 인터뷰 등 다양한 방식으로 이루어지고 있으며, 20·30 세대를 중심으로 큰 호응을 얻고 있습니다. 다만, 그의 부정선거 주장과 선거관리위원회 비판은 정치권과 언론에서 격렬한 논쟁과 반발을 불러일으키고 있습니다.

요약하면, 전한길은 대한민국 선거의 헌법적 정당성과 민주주의 수호를 위해 시민 감시와 저항권 행사가 절실하다며, 선거 과정의 투명성 강화와 국민 참여 확대를 통해 헌법 정신이 구현되어야 한다는 메시지를 강하게 전하고 있습니다. 이 과정에서 '선거, 헌법, 시민의 감시'는 그의 정치 철학과 실천 활동의 핵심 축을 이룹니다.

3. 선거, 헌법, 그리고 시민의 감시

한국사 강사 전한길은 선거의 투명성이 곧 대한민국 헌법 정신의 핵심이자 자유민주주의의 생명이라고 강조합니다. 그는 최근의 선관위 논란을 통해 드러난 문제점들을 짚으며, 주권자인 시민의 적극적인 감시만이 공정하고 정의로운 선거를 보장하고 헌법 가치를 수호할 수 있는 유일한 길임을 역설합니다.

4. 선거: 민주주의의 심장, 헌법의 구현

전한길은 선거를 단순한 통치자 선출 행위가 아닌, 대한민국 자유민주주의의 심장이자 헌법 정신이 살아 숨 쉬는 가장 중요한 과정으로 이해합니다.

- 주권재민의 원리 실현: 대한민국 헌법 제1조 2항은 "대한민국의 주권은 국민에게 있고, 모든 권력은 국민으로부터 나온다"고 명시합니다. 선거는 이 주권재민의 원리가 직접적으로 구현되는 장입니다. 국민이 투표를 통해 자신의 의사를 표명하고 대표자를 선출함으로써 국가 권력의 정당성을 부여하기 때문입니다.
- 자유와 평등의 실현: 헌법은 모든 국민에게 투표할 권리(선거권)와 공무담임권을 보장하며, 이는 자유롭고 평등한 참여를 통해 이루어집니다. 전한길은 선거의 공정성이

훼손될 경우, 이러한 헌법적 가치인 자유와 평등이 위협받게 된다고 경고합니다.

5. 헌법 정신 수호: 공정성 확보의 중요성

전한길은 선거 과정의 공정성 확보가 곧 헌법 정신을 수호하는 일이라고 주장하며, 최근 불거진 선관위 관련 논란에 깊은 우려를 표합니다.

- 신뢰 훼손의 위험성: 선거 관리 과정에서 발생하는 어떠한 의혹이나 불투명성은 국민의 불신을 초래하고, 이는 민주주의의 근간을 흔들 수 있습니다. 헌법이 보장하는 공정한 절차와 원칙이 지켜지지 않을 때, 선거 결과의 정당성마저 의심받게 된다는 것입니다.
- 이치에 맞는 세상 구현: '재세이화'의 정신처럼, 전한길은 사회의 '이치'가 바로 서려면 선거라는 민주적 절차가 공정하고 투명해야 한다고 강조합니다. 불합리하거나 비상식적인 선거 과정은 '공의로운 세상'을 만드는 데 치명적인 장애물이 되기 때문입니다.
- 체제 수호의 최전선: 그는 선거의 공정성이 담보되지 않으면, 궁극적으로 자유민주주의 체제 자체가 위협받을 수 있다고 경고합니다. 선거가 불공정하다는 인식이 확산되

면 국민들의 정치 참여 의지가 꺾이고, 이는 전체주의적 유혹에 취약해지는 결과를 낳을 수 있습니다.

6. 시민의 감시: 흔들리지 않는 자유의 방패

전한길은 이러한 중요한 선거의 가치와 헌법 정신을 지키기 위한 최후의 보루가 바로 시민의 감시라고 역설합니다.

- 주권자의 직접적 책임: 그는 '너희가 역사의 주인이다'라는 메시지처럼, 선거 과정을 감시하는 것이 주권자인 국민의 직접적인 책임이자 의무임을 강조합니다. 선관위와 같은 기관의 역할도 중요하지만, 국민 스스로가 깨어있는 눈으로 감시할 때 진정한 투명성이 확보될 수 있다는 것입니다.
- 디지털 기술 활용의 중요성: 스마트폰, 인터넷 등 디지털 기술을 활용한 '디지털 감시 운동'을 통해 투표 및 개표 과정을 실시간으로 기록하고 공유함으로써, 불법이나 부정 의혹에 대한 즉각적인 대응과 광범위한 감시가 가능해졌음을 역설합니다. 이는 '왜곡된 역사, 방치된 진실'에 맞서는 강력한 도구가 됩니다.
- '진실의 함성'으로 이어지는 감시: 시민들의 적극적인 감시는 단순한 관찰을 넘어, 문제가 발견될 경우 '거리 강연'에서처럼 '진실의 함성'으로 터져 나와 사회적 공

론을 형성하고 변화를 이끌어낼 수 있는 힘이 됩니다.

전한길에게 선거는 헌법의 가치를 실현하는 핵심적인 통로이며, 이 통로가 오염되지 않도록 시민들이 눈을 부릅뜨고 감시하는 것이야말로 자유대한민국의 지속적인 번영을 위한 필수불가결한 조건입니다. 그의 외침은 주권자의 책임과 행동을 촉구하며, 우리의 민주주의를 굳건히 지켜나가자는 강력한 메시지입니다.

15
사법·언론·선거 시스템의 정상화

"무너진 삼각 축을 바로 세워야 나라가 산다"

1. 국민의 깨어남에서 출발해야

정의의 최후 보루였던 사법, 진실의 창이었던 언론, 국민의 뜻을 반영해야 할 선거—이 세 축이 동시에 흔들리고 있다. 전한길은 이를 "국가 붕괴의 사전 경고"로 진단하며, 불공정 판결과 편파 보도, 조작 의혹이 제기된 선거 시스템에 맞서 거리에서 경고장을 던졌다.

이 글에서는 각각의 영역에서 발생한 구체적 사례들을 제시하며, 어떻게 시민의 각성과 감시, 참여가 이들을 바로잡을 수 있는지를 탐구한다. 정상화는 제도의 수선이 아니라, 국민의 깨어남에서 출발한다고 전한길은 주장한다.

2. 사법·언론·선거 시스템의 개혁과 투명성 확보

전한길은 사법·언론·선거 시스템의 정상화를 위해 강력한 개혁과 투명성 확보를 주장해왔습니다. 그의 주요 입장은 다음과 같습니다.

- 사법 시스템 개혁: 전한길은 사법부 내 정치적 편향과 권력 독점을 문제 삼으며, 우리법연구회 출신 등 특정 집단이 사법부 요직을 장악해 공정성이 훼손되었다고 비판합니다. 그는 사법제도의 전면적 개혁, 즉 '제2의 건국'에 맞먹는 수준의 변화가 필요하다고 강조합니다. 구체적으로는 법원과 헌법재판소에서 법치·공정·상식이 지켜져야 하며, 부당한 권력 개입을 차단해야 한다고 주장합니다.
- 선거 시스템 정상화: 전한길은 중앙선거관리위원회의 투명성 문제와 부정선거 의혹을 지속해서 제기하며, 대만이나 독일처럼 투표와 개표가 현장에서 투명하게 이루어지는 방식을 도입해야 한다고 촉구합니다. 그는 선거 제도 개선이 공정한 선거의 근본 조건임을 강조하며, 선관위가 부정과 비리의 온상이라고 비판합니다. 또한, 2024년 대선과 국회의원 선거 과정에서 전자개표 방식과 보안 점검

거부 의혹에 대한 문제 제기를 이어갔습니다.
- 언론과 정보 투명성: 사법과 선거 제도 개혁과 함께 언론의 자유와 진실 알림의 중요성을 강조하며, 디지털 감시 운동 등으로 국민들이 올바른 정보를 직접 탐색하고 권력 감시에 나서야 한다고 주장합니다.

요약하면 전한길은 현재의 사법·언론·선거 시스템이 공정성을 잃고 권력편향과 부패에 노출되었다 보고, 이를 근본적으로 개혁하고 국민 주권과 법치, 민주주의가 제대로 실현될 수 있도록 '제2의 건국' 수준의 전면적 정상화를 요구하고 있습니다.
전한길은 사법·언론·선거 시스템의 정상화를 위해 강력한 개혁과 투명성 확보를 주장해왔습니다. 그의 주요 입장은 다음과 같습니다.
사법 시스템 개혁: 전한길은 사법부 내 정치적 편향과 권력 독점을 문제 삼으며, 우리법연구회 출신 등 특정 집단이 사법부 요직을 장악해 공정성이 훼손되었다고 비판합니다.

3. 사법·언론·선거 시스템의 정상화!

한국사 강사 전한길은 대한민국의 지속적인 번영과 자유민주주의 수호를 위해 사법, 언론, 그리고 선거 시스템의 정상화가 반드시 이루어져야 한다고 강력히 주장합니다. 그는 이 세 가지 시스템이 민주주의를 지탱하는 핵심 축이며, 이들이 제 기능을 하지 못할 때 국가적 위기가 심화될 수 있다고 경고합니다.

4. 사법 시스템의 정상화: 공의로운 법치의 재건

전한길은 사법 시스템이 법과 원칙에 따른 공정한 판단을 통해 '공의로운 세상'을 구현하는 최후의 보루라고 강조합니다.

- 정의 실현의 중요성: 사법 시스템이 특정 권력이나 이념에 휘둘리지 않고 오직 법과 양심에 따라 정의를 실현할 때만 국민의 신뢰를 얻을 수 있다고 봅니다. '재세이화'의 정신처럼, 사회의 '이치'가 바로 서려면 사법부가 그 중심을 잡아야 한다는 것입니다.
- 권력 견제와 균형: 사법부는 행정부와 입법부를 견제하고 균형을 이루는 민주주의의 핵심 장치입니다. 사법 시스템이 정상화될 때 비로소 권력 남용을 막고 국민의 자유와 권리를 보호할 수 있다고 전한길은 말합니다.
- 국민 신뢰 회복: 사법 시스템에 대한 국민의 불신은 사회 전반의 혼란과 갈등을 증폭시킵니다. 전한길은 투명하고 공정한 사법 절차를 통해 국민의 신뢰를 회복하는 것이 시급하다고 역설합니다.

5. 언론 시스템의 정상화: 진실을 위한 파수꾼

전한길은 언론을 '진실의 파수꾼'이자 자유로운 여론 형성의 장으로 인식하며, 그 정상화가 민주주의 발전에 필수적이라고 강조합니다.

- 진실 보도의 책임: 언론이 특정 진영의 이익이 아닌, 오직 객관적인 사실과 진실만을 보도해야 할 책임이 있다고 주장합니다. 그가 '왜곡된 역사, 방치된 진실'을 경고하는 맥락과 같이, 언론의 왜곡된 보도는 국민의 눈과 귀를 가리고 사회적 혼란을 가중시킨다고 봅니다.
- 비판과 감시의 역할: 언론은 권력을 감시하고 비판함으로써 민주주의가 건강하게 작동하도록 하는 중요한 역할을 합니다. 전한길은 언론이 이러한 본연의 기능을 다하고, 다양한 목소리를 담아낼 때 '표현의 자유'가 진정으로 구현된다고 말합니다.
- 여론 형성의 공정성: 언론이 특정 방향으로 여론을 호도하지 않고, 다양한 관점과 정보를 균형 있게 제공할 때 국민들은 합리적인 판단을 내릴 수 있습니다. 이는 '이념의 혼란'을 극복하고 건전한 시민 의식을 형성하는 데 필수적입니다.

6. 선거 시스템의 정상화: 주권재민의 굳건한 토대

전한길은 선거 시스템이 '주권재민'의 원리를 실현하는 민주주의의 심장이라고 강조하며, 그 어떤 의혹도 없이 투명하고 공정하게 운영되어야 한다고 주장합니다.

- 민주주의의 생명선: 선거는 국민이 주권을 행사하여 국가의 대표를 선출하는 가장 기본적인 절차입니다. 전한길은 선거의 공정성이 훼손될 경우, 민주주의의 정당성이 무너지고 국민의 자유로운 의지 표명이 불가능해진다고 경고합니다.
- 시민 감시의 활성화: 그는 선관위 논란을 계기로 시민들의 적극적인 감시가 선거 투명성 확보의 핵심임을 역설합니다. '디지털 감시 운동'과 같은 방식으로 국민 스스로가 선거 과정을 면밀히 살필 때, '진실의 함성'이 되어 공정한 선거를 담보할 수 있다고 봅니다.
- 헌법 가치의 수호: 선거 시스템의 정상화는 곧 대한민국 헌법이 보장하는 자유롭고 공정한 선거권을 지키는 일입니다. 이는 대한민국의 민주적 정통성을 확립하고 '제2의 번영'으로 나아갈 굳건한 토대가 됩니다.

전한길 강사의 이러한 주장은 사법, 언론, 선거 시스템이 각각의 본연의 역할을 충실히 수행함으로써 자유민주주의를 굳건히 하고 '공의로운 세상'을 만들어가야 한다는 그의 일관된 철학을 보여줍니다. 이 세 시스템의 정상화가 대한민국의 현재 위기를 극복하고 미래 번영을 향한 길을 여는 핵심적인 과제라는 메시지를 던지고 있습니다.

16
보수의 재해석:
전통을 넘어 미래로

1. 개요

"지키는 것에서 다시 세우는 것으로"

대한민국의 보수는 더 이상 '수성(守成)'에 머물 수 없다. 전한길은 보수를 과거의 수호자가 아닌, 미래의 설계자로 자리매김하려 한다. 홍익인간과 재세이화의 뿌리를 지닌 민족 보수의 정신은 자유민주주의와 시장경제, 그리고 인간 존엄의 가치를 계승하면서도, 시대의 변화에 발맞춘 새로운 비전을 요구받는다.

이 장에서는 전통을 지키되, 그것을 미래로 연결시키는 창조적 보수의 철학을 제시하며, 청년과 시민이 함께 만들어갈 미래지향적 보수 가치관의 정립을 촉구한다. "과거를 아는 자만이 미래를 열 수 있다"는 믿음으로, 지금 우리는 보수를 다시 정의할 시간이다.

2. 전통을 넘어 미래로

전한길의 보수는 전통적 보수의 틀을 지키면서도, 미래 사회 변화에 맞춘 재해석과 새로운 방향성을 제시하는 특징을 갖고 있습니다.

주요 내용은 다음과 같습니다.

- 전한길은 자신을 '합리적인 보수주의자'로 규정하며, 자유, 가족, 자유시장경제, 복지사회 같은 보수의 전통적 핵심 가치를 소중히 여기면서도 시대적 상황에 맞게 적용하고자 합니다. 그는 보수를 단지 과거에 머무는 가치가 아니라, 미래 사회에서 자유와 번영을 지키는 원리로 봅니다.
- 최근 정치적 활동에서 전한길은 윤석열 대통령 탄핵 반대, 자유민주주의 수호, 국민통합 촉구 등을 적극 표방하며, 보수 진영 내에서 '아스팔트 보수', '현장 보수'로서 새로운 영향력을 발휘하고 있습니다. 이는 기존 보수 정치권이 조심스러운 입장을 취할 때 강경하고 분명한 메시지를 통해 지지층 결집 효과를 내고자 하는 전략적 행보입니다.

- 전한길의 보수 재해석은 단순한 이념 고수에 그치지 않고, 법치주의·시장경제·한미동맹 수호, 자유민주주의 체제 보호 등 실질적 정책과 사회운동을 포함하며, 이를 통해 국가의 안정과 번영을 이루려는 적극적 실천적 보수로 자리잡는 모습입니다.
- 정치권 반응은 엇갈립니다. 전한길이 국민의힘 내 영향력을 확대하려는 움직임도 보이며, 보수 일각에서는 그의 역할과 주장을 지지하지만, 내부에서는 '극우화' 비판과 진영 내 갈등도 존재합니다.
- 전한길은 자신을 '정치에 관심 없다'고 하면서도 구체적 정치 활동과 발언, 국민 참여 운동을 통해 보수 진영을 재편하고자 하는 의지를 드러내고 있습니다.

3. 정리하면, 전한길의 보수 재해석은

핵심 가치	재해석 및 특징
자유	개인 자유 존중과 법치주의 수호, 전체주의 견제
가족과 공동체	전통적 가족 가치 중시, 사회 통합과 국민 연대를 통한 미래 지향
시장경제와 복지	자유시장경제 중시하되, 복지 사회적 가치를 조화롭게 추구
정치 참여와 국민운동	자유민주주의와 법치주의 수호를 위한 국민 저항권 행사와 정치 참여 강조

| 현장 보수(아스팔트 보수) | 광장과 거리에서 실제 행동과 국민 참여를 이끄는 적극적 보수 활동 |

이는 과거 전통 보수에서 나아가 급변하는 사회와 시대적 위기 속에서 현실적 실천과 국민 통합, 미래 사회 번영의 원리로 보수를 확장하고자 하는 시도로 볼 수 있습니다.

4. 전통을 넘어 미래로

한국사 강사 전한길은 현시대의 보수가 단순히 과거의 가치를 수호하는 것을 넘어, 미래를 향해 나아가기 위한 새로운 의미와 방향성을 정립해야 한다고 강조합니다. 그에게 보수는 고루한 이념이 아니라, 대한민국의 지속 가능한 번영과 자유민주주의 수호를 위한 역동적인 힘으로 재해석되어야 합니다.

5. 낡은 보수의 한계: 현실과의 괴리

전한길은 현재 한국 사회에서 '보수'가 직면한 한계를 분명히 지적합니다.

- 구태의연한 이미지: 과거의 권위주의적 이미지나 기득권과의 유착 등으로 인해 '낡고 시대에 뒤떨어진' 이미지를 벗어나지 못하고 있다고 비적합니다.

- 변화에 대한 저항: 급변하는 사회 흐름과 국민들의 요구를 제대로 읽어내지 못하고, 변화에 대한 막연한 거부감을 드러내는 보수의 태도는 젊은 세대와의 괴리를 심화시킨다고 봅니다.
- 이념 논쟁에 매몰: 실질적인 문제 해결보다는 소모적인 이념 논쟁에 매몰되어 국민들의 삶과 동떨어진 모습을 보인다는 비판도 내포합니다.

6. 새로운 보수의 지향점: 미래를 위한 재정립

전한길은 이러한 한계를 극복하고 보수가 '자유대한민국 제2의 번영'을 이끌기 위해서는 전통적 가치를 바탕으로 미래를 지향하는 새로운 방향성이 필요하다고 역설합니다.

- 자유민주주의의 본질적 수호: 보수가 지켜야 할 가장 중요한 가치는 바로 자유민주주의 그 자체라고 강조합니다. 이는 단순한 체제 유지를 넘어, 개인의 자유와 존엄성을 최우선으로 하고, 법치와 공정함을 통해 '공의로운 세상'을 구현하는 데 집중해야 한다는 의미입니다. 이는 '홍익인간'과 '재세이화'의 정신을 계승하는 것입니다.
- 미래 지향적 혁신과 성장: 보수가 과거에만 머무르지 않고, 새로운 기술과 변화를 수용하며 미래 성장 동력을 확

보하는 데 주력해야 한다고 봅니다. 경제적 자유를 확대하고 기업가 정신을 고취하며, 이를 통해 국가의 번영을 이끌어내는 것이 진정한 보수의 역할임을 강조합니다.
- 상식과 원칙의 회복: '이념의 혼란' 속에서 보수는 상식과 원칙을 지키는 데 주력해야 합니다. 거짓과 선동에 맞서 진실을 외치고, 합리적인 판단을 통해 국민적 신뢰를 회복하는 것이 중요하다고 주장합니다. 이는 곧 '방치된 진실'을 되찾는 과정입니다.
- 젊은 세대와의 공감: 전한길은 '청년에게 고함: 너희가 역사의 주인이다'라는 메시지처럼, 보수가 젊은 세대의 목소리에 귀 기울이고 그들의 눈높이에서 소통하며 미래 세대의 희망을 대변해야 한다고 강조합니다. 과거의 유산을 계승하면서도 미래 세대가 살아갈 세상에 대한 비전을 제시하는 것이 중요합니다.
- 국가와 국민의 이익 우선: 특정 계층이나 집단의 이익이 아닌, 대한민국 전체의 발전과 국민 모두의 삶의 질 향상을 최우선 목표로 삼아야 한다고 강조합니다. 이는 '인류공영'이라는 더 큰 가치로 나아가기 위한 출발점입니다.

7. 보수, 대한민국의 등대가 되려면

전한길에게 '보수의 재해석'은 단순한 변화 요구를 넘어, 대한민국의 미래를 위한 등대 역할을 주문하는 것입니다. 전통적인 가치와 원칙을 굳건히 지키되, 시대의 변화를 읽고 혁신을 통해 새로운 가치를 창출하며, 모든 국민의 자유와 번영을 추구하는 '진정한 보수'로 거듭날 때, 대한민국은 '제2의 번영'을 이룰 수 있다는 것이 그의 핵심 메시지입니다.

17
시민감시단과
국민참여 정치

1. 개요

"정치는 더 이상 그들만의 리그가 아니다"

전한길은 정치의 폐쇄성과 엘리트 중심 구조를 비판하며, 시민의 직접 감시와 참여야말로 자유민주주의의 본질임을 역설한다. 선거 부정, 권력 남용, 불투명한 의사결정… 이 모든 것에 맞서기 위한 해답은 바로 국민의 감시와 행동에 있다.

이 장에서는 전한길이 지지하는 시민감시단 조직과 활동 사례를 중심으로, 헌법적 권리로서의 감시, 참여 정치의 실현 가능성, 그리고 일상 속에서 정치를 바꾸는 시민의 역할을 구체적으로 조명한다.

"정치는 관전이 아니라 실전이다. 광장은 국민의 국회다" 라는 메시지를 통해, 정치의 주체가 국민임을 되찾는 여정을 이야기한다.

2. 시민감시단 참여

전한길과 관련된 시민감시단과 국민참여 정치에 대해 설명드리면, 전한길은 특히 선거 공정성과 투명성을 위한 시민감시 활동에 적극 참여하고 이끄는 모습을 보이고 있습니다.

- 2025년 초부터 전한길은 국제선거감시단(IEMT)과 같은 단체 활동에 참여하며, 2024년 대선과 국회의원 선거 과정에서 부정선거 의혹을 제기하고 선거관리위원회(선관위)의 투명성 강화와 제도 개선을 촉구했습니다. 국제선거감시단은 사전투표에 대한 성명 발표 등 선거 감시와 시민의 올바른 참여를 적극 권장하고 있습니다.
- 시민감시단은 일반 시민들이 자발적으로 선거 과정, 사회 현안 등 다양한 분야에서 직접 감시와 참여를 통해 투명성과 공정성을 확보하려는 운동으로, 전한길 역시 이러한 국민 참여 정치의 중요성을 여러 차례 강조하며 조직과 활동을 주도해왔습니다.
- 전한길의 시민감시단 활동은 단순한 감시에 그치지 않고,

국민 저항권 행사와 진실 알림 운동으로 연결되어, 국민이 자유민주주의와 법치를 지키는 주체가 되어야 한다는 메시지를 담고 있습니다. 이를 통해 정치적 갈등과 부정 문제에 대응하고 국민 통합과 사회 발전을 도모하려는 의지를 표명하고 있습니다.
- 다만 전한길과 관련한 시민감시 및 정치 참여 활동은 정치권과 일부 시민단체, 언론에서 강한 반발과 비판도 받으며 사회적 논란이 되고 있음을 함께 이해해야 합니다.

요약하면, 전한길의 시민감시단과 국민참여 정치는 선거와 정치 제도의 투명성 강화, 국민의 주권 의식 고취, 그리고 자유민주주의 수호를 위한 자발적이고 적극적인 시민 참여 운동으로 진행되고 있으며, 이는 그의 전통적 민족정신과 자유민주주의 철학에 기반한 실천적 행동양식으로 볼 수 있습니다.

3. 시민가시단과 국민참여 정치

한국사 강사 전한길은 대한민국의 자유민주주의를 굳건히 하고 '공의로운 세상'을 만들기 위한 핵심적인 방안으로 '시민감시단'의 활성화와 '국민참여 정치'의 확대를 끊임없이 강조합니다. 그는 주권자인 국민이 직접 나서서 정치와 행정 과정을 감시하고 참여할 때만이, 왜곡된 현실을 바로잡고 진정한 민주주의를 실현할 수 있다고 역설합니다.

4. 시민감시단의 필요성: 투명성과 공정성 확보의 열쇠

전한길은 국가 기관이나 특정 권력이 제 역할을 다하지 못하거나 투명성을 상실할 때, 이를 견제하고 바로잡을 수 있는 가장 강력한 힘이 바로 시민감시단에 있다고 봅니다.

권력 견제의 민주적 도구: 그는 사법, 언론, 선거 시스템 등 민주주의의 핵심 축들이 정상적으로 작동하지 않을 때, 시민들이 직접 나서서 이를 감시하고 비판하는 것이 필수적이라고 주장합니다. 특히 선관위 비판에서 드러났듯이, 선거의 공정성을 확보하기 위한 '디지털 감시 운동'의 중요성을 강조하며, 이는 시민들이 직접 참여하는 감시 활동의 대표적인 예시입니다.

'진실'과 '상식'의 수호: 왜곡된 정보와 방치된 진실이 난무하는 시대에, 시민감시단은 거짓을 가려내고 진실을 밝히는 중요한 역할을 수행합니다. 이는 '이념의 혼란'을 극복하고 '상식과 원칙'이 통하는 사회를 만드는 데 기여합니다.

투명하고 책임 있는 행정 유도: 시민들의 감시는 공공 부문의 투명성을 높이고, 공직자들이 더욱 책임감 있게 업무를 수행하도록 유도하는 효과가 있습니다. 이는 궁극적으로 '재세이화'의 정신처럼 사회를 '이치'에 맞게 변화시키는 동력이 됩니다.

5. 국민참여 정치의 확대: '너희가 역사의 주인이다'

전한길은 시민감시단을 넘어, 국민들이 정치 과정에 더욱 적극적으로 참여해야 한다고 강조하며, 이는 그의 '청년에게 고함: 너희가 역사의 주인이다!'라는 메시지와도 직결됩니다.

주권재민의 실질적 구현: 그는 국민이 단순히 선거 때만 주권을 행사하는 것이 아니라, 일상적으로 정치에 관심을 가지고 참여함으로써 '주권재민'의 원리를 실질적으로 구현해야 한다고 역설합니다.

다양한 참여 방식의 중요성: 투표 참여는 물론, 정책 제안, 서명 운동, 시민 단체 활동, 그리고 때로는 '거리 강연'과 같은 직접적인 목소리 내기 등 다양한 방식으로 정치 과정에 참여해야 한다고 봅니다. 이는 비상계엄 논란 속에서 시민들이 보여준 자발적인 저항과도 맥을 같이 합니다.

정치 효능감 증대: 국민참여 정치는 시민들로 하여금 자신들의 목소리가 정책 결정에 반영될 수 있다는 '정치 효능감'을 느끼게 하고, 이는 다시금 더욱 적극적인 참여로 이어지는 선순환 구조를 만듭니다.

'자유'의 능동적 수호: 전체주의의 유혹에 맞서 '자유의 방패'를 들기 위해서는 국민 개개인이 정치에 무관심하지 않고, 자신의 자유를 지키기 위해 능동적으로 행동해야 합니다. 국민참여 정치는 이러한 자유 수호의 가장 강력한 힘이 됩니다.

6. 시민의 힘으로 만드는 '자유대한민국'의 미래

전한길에게 '시민감시단'과 '국민참여 정치'는 단순히 구호가 아니라, 대한민국이 현재의 위기를 극복하고 '제2의 번영'을 이룰 수 있는 실질적인 전략입니다. 그는 국민들이 역사의 방관자가 아닌 능동적인 주인으로서 정치 과정에 뛰어들고, 투명한 감시를 통해 공정성을 확보할 때만이 진정한 자유민주주의가 꽃피울 수 있다고 믿습니다. 그의 외침은 주권자의 책임과 행동을 촉구하며, 시민의 힘으로 대한민국의 밝은 미래를 만들어가자는 간절한 염원이 담겨 있습니다.

4장

새로운 번영의 비전 — 제2의 대한민국 건국

꽃보다 진한 길 고암

1. 개요

"자유·정의·공동체가 이끄는 새로운 시대의 서막"

이 부에서는 전한길이 꿈꾸는 대한민국의 미래 청사진, 곧 '제2의 건국'을 위한 사상과 비전이 펼쳐진다. 지금까지의 대한민국이 근대화와 산업화를 통해 '성장'의 시대를 이뤘다면, 앞으로의 대한민국은 자유민주주의 가치와 국민 통합, 국민 주권의 구현을 바탕으로 '성숙과 번영의 시대'로 나아가야 한다는 주장이다.

전한길은 이를 위해 다음과 같은 새로운 국정 기조를 제안한다.

- 국민 각성에 기반한 자유민주주의의 재구축
- 공정한 법치와 제도의 복원
- 신앙과 윤리에 기반한 공공의 가치 회복
- 청년·중산층·서민이 주도하는 경제 민주화
- 시민참여형 정치 시스템의 정착

"이제는 위기를 기회로 바꿀 때다. 국민이 다시 나라의 주인이 되는 새로운 대한민국, 그것이 전한길이 보는 제2의 번영이다."

2. 새로운 번영의 비전 – 제2의 대한민국

전한길의 4부 "새로운 번영의 비전-제2의 대한민국"은 주로 현재 대한민국이 위기에 처해 있으며, 이를 극복하고 새로운 국가 번영과 자유민주주의 수호를 위한 국민적 각성과 행동을 촉구하는 내용으로 전개되고 있습니다. 전한길은 특히 다음과 같은 메시지와 비전을 강조합니다.

- 자유민주주의와 국가체제 위기 인식: 전한길은 대한민국이 "제2의 홍콩"과 같은 반자유주의 국가로 변할 위험에 직면해 있다고 경고하며, 이는 국가와 국민의 자유를 심각하게 위협하는 상황이라고 봅니다. 이에 맞서 국민과 특

히 20·30세대가 중심이 되어 자유민주주의 체제를 지키고 회복해야 한다고 주장합니다.

- 헌법재판소 대통령 탄핵 반대와 국민저항권: 그는 윤석열 대통령 탄핵 시도가 있을 경우 "제2의 을사오적"과 같은 국난 상황으로 규정하며, 이를 막기 위한 국민 혁명과 투쟁을 예고합니다. 탄핵이 인용된다면 이는 국민 혁명, 즉 "제2의 4.19혁명"으로 이어질 것이라고 강한 각성과 저항을 호소합니다.
- 제2의 대한민국 비전: 이 위기 국면을 '제2의 건국 전쟁'으로 인식하며, 국민 주권과 자유, 법치를 중심으로 한 새롭고 강한 국가 건설을 촉구합니다. 이를 통해 국민 모두가 함께 국가의 주인으로서 자유와 번영의 새 역사를 만들어 가야 한다고 강조합니다.
- 국민 참여와 통합: 전한길은 사회 이념 갈등과 분열 극복을 위해 국민 통합과 세대 간 연대가 필수임을 역설하며, 집회와 국민변호인단 등 다양한 조직적 참여를 통해 활동을 조직하고 있습니다. 특히 청년 세대가 중심이 되어 자유와 공정을 지키는 '역사의 주인'으로 나설 것을 촉구합니다.
- 사회 전반의 개혁과 시스템 정상화: 사법, 언론, 선거 등 국가 시스템에 대한 전면적 개혁과 정상화를 요구하며, 이를 통해 국가 기반을 튼튼히 하고 부패와 편향을 제거하는

것이 '제2의 대한민국' 실현을 위한 토대로 제시됩니다.

요약하면, 전한길의 "제2의 대한민국" 비전은 대한민국이 정치·사회적 위기를 극복하고 자유주의 체제와 국민 주권을 확립하는 새로운 국가 건설의 대장정으로, 이를 위해 국민의 각성과 참여, 저항권 행사가 절실함을 강조하는 강력한 사회·정치적 메시지입니다. 이러한 비전은 전한길이 평소 주장해 온 홍익인간 이념과 자유민주주의 수호, 국민 통합과 법치주의 실현의 연장선상에서 제시되고 있습니다.

3. '제2의 대한민국'이란 무엇인가?

전한길이 말하는 '제2의 대한민국'은 단순히 경제적 성장을 넘어선, 질적으로 더욱 성숙하고 건강하며, 모든 국민이 자유롭고 공정하게 번영하는 나라를 의미합니다. 이는 현재의 혼란과 갈등을 극복하고, 대한민국의 진정한 가치를 재정립하여 세계 속에서 더욱 빛나는 국가를 만들자는 비전입니다.

이 비전은 다음과 같은 핵심 요소들을 포함합니다.

- 자유민주주의의 확고한 수호: '제2의 대한민국'은 무엇보다도 자유민주주의 체제가 확고하게 뿌리내린 국가여야 합니다. 개인의 자유와 존엄성이 최우선으로 존중되고, 헌

법 정신에 입각한 법치와 공정한 시스템이 흔들림 없이 작동하는 사회입니다. 이는 전체주의의 유혹에 단호히 맞서 '자유의 방패'를 굳건히 하는 것을 전제로 합니다.
- 공의롭고 투명한 시스템: 사법, 언론, 선거 시스템이 정상화되어 '공의로운 세상'이 실현된 국가입니다. 특정 이념이나 진영 논리가 아닌, '이치(理)'와 '상식'이 통하는 투명한 사회를 지향합니다. 시민감시단과 국민참여 정치를 통해 이러한 공정성이 지속적으로 유지되는 국가가 되어야 합니다.
- 미래 세대가 희망을 가질 수 있는 사회: '청년에게 고함: 너희가 역사의 주인이다'라는 메시지처럼, 전한길은 미래 세대, 즉 청년들이 자신의 꿈을 펼치고 정당한 노력의 대가를 얻을 수 있는 공정한 기회의 땅을 만드는 것을 중요하게 생각합니다. 세대 간 갈등이 아닌, 상생과 협력을 통해 지속 가능한 번영을 이루는 사회를 꿈꿉니다.
- 왜곡된 역사를 바로잡고 진실이 통하는 사회: '왜곡된 역사, 방치된 진실'을 바로잡고, 모든 국민이 객관적인 사실에 기반한 역사관을 공유하는 사회입니다. 진실이 존중받고 과거의 교훈을 통해 미래를 현명하게 설계할 수 있는 지성적인 국민이 주축이 되는 국가입니다.

4. '제2의 번영'을 위한 실천적 제안

전한길은 이러한 '제2의 대한민국'을 향한 길을 열기 위해 구체적인 실천 방안들을 제시하거나 강조합니다.

- 시민들의 적극적인 각성과 참여: 그는 국가의 미래는 결국 주권자인 시민들의 손에 달려있음을 역설하며, 무관심과 방관을 넘어 적극적으로 정치와 사회 문제에 참여하고 감시할 것을 촉구합니다.
- 민족 정신의 현대적 계승: 홍익인간, 재세이화, 인류공영이라는 우리 민족의 고유한 사상적 뿌리를 현대 사회의 가치와 접목하여 계승함으로써, 대한민국이 나아가야 할 올바른 방향을 제시합니다.
- 보수의 새로운 역할론: 낡은 보수의 이미지를 탈피하고, 자유민주주의 수호와 미래 지향적 혁신을 통해 대한민국이 직면한 과제를 해결하는 '새로운 보수'의 역할을 강조합니다.

5. 희망과 사명감으로 그려내는 미래

전한길에게 '제2의 대한민국'은 막연한 이상향이 아니라, 현재의 위기를 극복하고 함께 만들어가야 할 구체적인 목표입니다. 그의 열정적인 강연과 사회적 발언, 그리고 때로는 논란을 감수하는 행동들은 바로 이 '새로운 번영의 비전'을 향한 그의 깊은 신념과 사명감을 보여줍니다.

  그의 외침은 국민들에게 대한민국이 나아갈 길에 대한 비전을 제시하며, 역사의 주인으로서 함께 이 길을 걸어갈 것을 촉구하는 희망의 메시지입니다. '제2의 대한민국'은 단순히 꿈이 아니라, 우리 모두의 노력으로 현실이 될 수 있다는 강력한 믿음에서 비롯됩니다.

18
대한민국은 어디로 가야 하는가?

1. 개요

"자유와 책임, 신앙과 정의로 다시 세우는 나라"

이 장은 전한길이 바라보는 대한민국의 미래 방향성에 대한 핵심 정리이자, 독자에게 던지는 질문이다.

그는 단순한 체제 수호나 정권 교체를 넘어, 국가의 존재 이유와 국민의 정체성을 회복할 것을 강조한다.

전한길이 제시하는 대한민국의 방향은 다음과 같다.

- 자유의 가치 수호: 정치적 자유, 신앙의 자유, 표현의 자유는 양보할 수 없는 절대적 가치이다.

- 정의로운 법치 회복: 법 위에 권력이 있거나, 여론이 판결을 대신해서는 안 된다.
- 신앙과 도덕의 복원: 대한민국의 근본은 '홍익인간'과 기독교적 윤리가 만나 탄생한 독립정신이다. 이 뿌리를 다시 회복해야 한다.
- 청년의 사명 부여: 미래를 짊어진 세대에게 자유와 책임의 정신을 가르치고, 실천의 장을 열어주어야 한다.
- 세계 속의 대한민국: 대한민국은 더 이상 작은 나라가 아니다. 아시아 자유민주 진영의 중심으로 거듭나야 한다.

"나라가 어디로 가야 하는가? 국민이 묻고, 전한길은 답한다. 자유와 진실 위에 세워진 '제2의 대한민국'이 그 해답이다."

2. 대한민국은 어디로 가야 하는가?

전한길이 말하는 "대한민국은 어디로 가야 하는가?"에 대한 핵심 메시지는 대한민국이 현재 자유민주주의와 국가 시스템의 위기 상황에 직면해 있으며, 이를 극복하고 새로운 국가 번영과 자유를 실현하기 위해 국민 모두가 각성하고 적극적으로 참여할 것을 촉구하는 데 있습니다.

구체적으로 전한길은 다음과 같은 방향을 강조합니다.

- 자유민주주의 수호와 체제 위기 극복: 대한민국이 '제2의 홍콩'과 같은 반자유주의 국가로 전락할 위험에 대응해, 국민 특히 청년 세대가 주체적으로 나서 자유와 법치를 지켜야 한다고 말합니다.
- 헌법 정신과 국민 주권 강조: 헌법 제1조에 명시된 국민 주권을 기반으로 한 국민 주체 의식을 회복하고, 정치 권력을 국민이 직접 통제하는 '국민 저항권'을 실천해야 한다고 봅니다.
- 사회 통합과 세대 연대: 이념 갈등과 사회 분열을 넘어서 국민 통합을 이루고, 세대 간 연대를 통해 국가 위기를 극복하는 사회적 협력과 연대의 필요성을 주장합니다.
- 시스템 정상화와 개혁: 사법, 언론, 선거 제도 등 국가 시스템의 전면적 개혁과 정상화를 통해 부패와 권력편향을 제거하며, '제2의 대한민국'을 건설하는 것이 목표임을 말합니다.
- 국민 참여와 실천 운동: 집회, 국민변호인단 등 다양한 조직적 참여와 저항 운동을 통해 국민들이 직접 자유민주주의와 국가 번영에 기여할 것을 촉구합니다.
- 미래 비전으로서 '제2의 대한민국' 건설: 현재 위기 국면을 '제2의 건국 전쟁' 또는 '제2의 대한민국'을 세우는 대장정으로 인식하며, 국민 각자가 역사와 민족정신을 바탕

으로 자유와 정의, 법치와 번영을 실현하는 새 국가 건설을 강조합니다.

전한길은 위와 같은 비전을 통해 대한민국이 자유와 민주주의, 법치주의라는 근본 가치를 지키면서 국민 주권 실현과 사회 통합, 국가 발전을 이뤄야 한다는 점을 강력히 호소하고 있습니다. 이는 그의 기존 역사와 민족정신, 자유민주주의 수호 철학과 연계된 총체적 국가 발전 방향성이라 할 수 있습니다.

3. '제2의 번영'을 향해 나아가야

한국사 강사 전한길은 그의 모든 강연과 사회적 발언을 통해 궁극적으로 "대한민국은 어디로 가야 하는가?"라는 근본적인 질문에 답을 제시하고자 합니다. 그는 과거 역사의 교훈과 현재의 위기를 종합적으로 분석하며, 자유민주주의라는 확고한 좌표를 바탕으로 '제2의 번영'을 향해 나아가야 한다고 역설합니다.

4. 현재의 진단: 위기와 혼란 속의 대한민국

전한길은 대한민국이 지금 중대한 기로에 서 있다고 진단합니다.

- 이념의 혼란과 진영 논리: 사회 전반에 걸쳐 이념적 갈등이 심화되고, 합리적인 토론보다는 감정적인 진영 논리가 지배하는 현실을 우려합니다. 이는 국론을 분열시키고 사회 발전을 저해한다고 봅니다.
- 자유민주주의의 위협: 특정 세력에 의한 역사 왜곡, 헌법 정신 훼손 시도, 그리고 선거의 공정성에 대한 불신 등이 자유민주주의 체제의 근간을 흔들고 있다고 경고합니다. '전체주의의 유혹'이 여전히 존재하며, 이에 대한 경계심을 늦춰서는 안 된다고 강조합니다.
- 방치된 진실과 왜곡된 역사: 역사적 사실이 특정 목적에 의해 왜곡되거나, 중요한 진실이 대중의 무관심 속에 방치되는 현상을 지적하며, 이는 올바른 미래 설계를 가로막는다고 비판합니다.
- 미래 세대의 불안감: 현재의 혼란과 불확실성이 미래 세대인 청년들에게 깊은 불안감을 안겨주고 있으며, 그들이 희망을 가지고 나아갈 수 있는 토대가 약화되고 있다고 진단합니다.

5. 나아가야 할 방향: 자유민주주의의 재확립과 번영

전한길은 이러한 위기 속에서 대한민국이 나아가야 할 길을 '자유민주주의의 확고한 재확립'과 이를 통한 '제2의 번영'

으로 제시합니다.

- 뿌리의 재확인: 홍익인간, 재세이화, 인류공영의 계승:
○ 홍익인간: 모든 국민 개개인의 자유와 인간으로서의 존엄성을 최우선으로 존중하고, 이를 통해 널리 인간을 이롭게 하는 사회를 지향해야 합니다.
○ 재세이화: '이치(理)' 즉, 법과 원칙에 따른 공정한 시스템과 공의로운 사회 질서를 확립하여 혼란한 세상을 올바른 방향으로 변화시켜야 합니다.
○ 인류공영: 대한민국이 단순히 자국의 번영을 넘어, 자유민주주의 가치를 기반으로 국제사회에 기여하고 인류 공동의 평화와 번영에 이바지하는 국가로 나아가야 합니다.
- 핵심 시스템의 정상화
○ 사법 시스템: 정치적 중립성을 지키며 오직 법과 양심에 따라 공정한 정의를 실현하는 신뢰받는 사법부로 거듭나야 합니다.
○ 언론 시스템: 특정 진영에 치우치지 않고 오직 진실만을 보도하며, 다양한 목소리를 담아내는 '진실의 파수꾼'으로서의 역할을 회복해야 합니다.
○ 선거 시스템: 국민의 주권 행사가 투명하고 공정하게 이루어질 수 있도록, 어떠한 의혹도 없이 명백한 절차와 원

칙에 따라 운영되어야 합니다.
- 시민의 역할과 책임 강조
  - ○ 깨어있는 시민 의식: 국민 개개인이 무관심을 넘어 정치와 사회 문제에 적극적으로 관심을 가지고, 왜곡된 정보에 현혹되지 않는 비판적 사고를 갖춰야 합니다.
  - ○ 적극적인 참여와 감시: '시민감시단'과 같은 형태로 선거과정을 감시하고, 다양한 방식으로 정치에 참여하여 '국민참여 정치'를 실현해야 합니다. '비상계엄 논란'에서 보여주었듯이, 시민의 힘이 곧 자유의 방패가 됨을 강조합니다.
  - ○ 미래 세대의 주인 의식: 청년들이 '너희가 역사의 주인이다'라는 자각을 가지고, 현재의 어려움을 극복하고 '제2의 번영'을 만들어갈 주역으로서 용기와 책임감을 발휘해야 합니다.

6. 결론: 역사를 통한 미래 제시

전한길에게 "대한민국은 어디로 가야 하는가?"라는 질문에 대한 답은 명확합니다. 그것은 바로 역사 속에서 면면히 이어져 온 민족의 보편적 가치인 '홍익인간, 재세이화, 인류공영'을 현대의 '자유민주주의'라는 그릇에 담아 실현하는 것입니다.

그의 외침은 과거를 통해 현재를 성찰하고, 현재의 위기를 극복하며, 미래 세대에게 희망과 번영을 물려주기 위한 간절한 염원과 강력한 촉구의 메시지입니다. 대한민국이 이념의 혼란을 뚫고 '자유의 방패'를 굳건히 하여, '제2의 번영'을 향한 올바른 길로 나아가기를 바라는 것이 전한길의 궁극적인 비전입니다.

19
홍익인간에서
지속가능 행복까지

1. 개요

"고대의 이상에서 현대의 비전으로, 한국 정신의 진화"

  이 장은 우리 민족의 건국이념인 '홍익인간'을 출발점으로, 전한길이 제안하는 21세기형 국가 비전 '지속가능한 행복'으로 이어지는 사상적 흐름을 재조명한다. 전통의 재해석을 통해 시대정신을 연결하고, 미래 국가 비전의 정신적 뿌리를 정립하려는 시도다.

  핵심 내용
  – 홍익인간 정신의 본질: 인간 중심, 이타주의, 공동선 추구

- 재세이화(在世理化)의 현대적 의미: 세상을 이치로 다스리고 문명으로 교화하는 이상국가의 철학
- 자유민주주의와 어떻게 연결되는가: 개인의 자유와 공동체의 조화, 신앙과 도덕의 기반
- 지속가능한 행복이란 무엇인가: 일, 관계, 건강의 균형 위에 놓인 삶의 총체적 만족과 국가의 비전
- 전한길이 말하는 '행복한 나라'의 조건:
  ○ 정치적 정의
  ○ 교육과 신앙의 복원
  ○ 삶의 질 향상(의료, 복지, 노동 존엄)
  ○ 국민 각자의 사명 인식과 실천

"홍익인간은 단지 고대 건국이념이 아니다. 그것은 5천 년 민족정신의 DNA이며, 오늘날 지속가능한 행복국가를 위한 출발점이다."

2. 대한민국은 어디로 가야 하는가?

전한길이 말하는 "대한민국은 어디로 가야 하는가?"에 대한 핵심 메시지는 대한민국이 현재 자유민주주의와 국가 시스템의 위기 상황에 직면해 있으며, 이를 극복하고 새로운 국가 번영과 자유를 실현하기 위해 국민 모두가 각성하고 적극

적으로 참여할 것을 촉구하는 데 있습니다.

구체적으로 전한길은 다음과 같은 방향을 강조합니다.

- 자유민주주의 수호와 체제 위기 극복: 대한민국이 '제2의 홍콩'과 같은 반자유주의 국가로 전락할 위험에 대응해, 국민 특히 청년 세대가 주체적으로 나서 자유와 법치를 지켜야 한다고 말합니다.
- 헌법 정신과 국민 주권 강조: 헌법 제1조에 명시된 국민 주권을 기반으로 한 국민 주체 의식을 회복하고, 정치 권력을 국민이 직접 통제하는 '국민 저항권'을 실천해야 한다고 봅니다.
- 사회 통합과 세대 연대: 이념 갈등과 사회 분열을 넘어서 국민 통합을 이루고, 세대 간 연대를 통해 국가 위기를 극복하는 사회적 협력과 연대의 필요성을 주장합니다.
- 시스템 정상화와 개혁: 사법, 언론, 선거 제도 등 국가 시스템의 전면적 개혁과 정상화를 통해 부패와 권력편향을 제거하며, '제2의 대한민국'을 건설하는 것이 목표임을 말합니다.
- 국민 참여와 실천 운동: 집회, 국민변호인단 등 다양한 조직적 참여와 저항 운동을 통해 국민들이 직접 자유민주주의와 국가 번영에 기여할 것을 촉구합니다.

- 미래 비전으로서 '제2의 대한민국' 건설: 현재 위기 국면을 '제2의 건국 전쟁' 또는 '제2의 대한민국'을 세우는 대장정으로 인식하며, 국민 각자가 역사와 민족정신을 바탕으로 자유와 정의, 법치와 번영을 실현하는 새 국가 건설을 강조합니다.

전한길은 위와 같은 비전을 통해 대한민국이 자유와 민주주의, 법치주의라는 근본 가치를 지키면서 국민 주권 실현과 사회 통합, 국가 발전을 이뤄야 한다는 점을 강력히 호소하고 있습니다. 이는 그의 기존 역사와 민족정신, 자유민주주의 수호 철학과 연계된 총체적 국가 발전 방향성이라 할 수 있습니다.

3. 홍익인간에서 지속가능 행복까지

전한길의 철학과 대한민국 사회적 운동 문맥에서 보면, "홍익인간에서 지속가능 행복까지"는 전통적 한민족의 고유 이념인 홍익인간 사상을 바탕으로, 현대 사회의 지속가능한 발전과 국민 모두의 행복을 실현하는 방향으로 나아가야 한다는 메시지를 담고 있습니다.

구체적으로 다음과 같은 내용과 연관이 깊습니다.

- 홍익인간의 의미: 홍익인간(弘益人間)은 '널리 인간을 이롭

게 한다'는 뜻으로, 단순한 구호를 넘어 개인의 성숙과 사회·자연과의 조화, 공동체 상생을 지향하는 깊은 철학적 가치입니다. 이는 개인과 공동체, 자연이 모두 공존하고 조화를 이루는 삶의 방향입니다.
- 지속가능 행복: 현대적 의미에서 홍익인간 사상은 환경과 경제, 사회가 조화롭게 발전하는 지속가능한 국가와 사회 모델로 해석됩니다. 인간만이 아니라 동식물과 자연까지 포함하는 광범위한 상생과 복지를 강조하며, 궁극적으로 모두가 조화롭고 행복한 삶을 누리도록 하는 이상입니다.
- 사회적·정치적 적용: 홍익인간 정신은 개인 간, 공동체 내 갈등 해소와 사회 통합, 법치와 민주주의 실현, 나아가 남북 통일과 국제 협력 같은 국가 운영 원리에도 적용 가능합니다. 이를 통해 전한길은 국민 주권과 자유민주주의 가치를 지키면서도 궁극적 국가 번영과 국민 행복을 추구하도록 촉구합니다.
- 전통과 미래의 조화: 홍익인간 사상이 제시하는 '조화와 상생'을 바탕으로, 전한길이 강조하는 자유민주주의 수호, 사회통합, 제2의 대한민국 건설 비전, 그리고 국민 참여 운동은 지속가능하고 건강한 국가 발전, 궁극적 행복 사회를 만드는 밑거름이라는 점에서 이어집니다.

요약하면, 전한길의 "홍익인간에서 지속가능 행복까지" 메시지는

핵심 내용	설명
홍익인간 전통적 의미	'널리 인간을 이롭게 한다'는 한민족 고유의 철학, 개인과 사회, 자연의 조화와 상생 지향
지속가능 행복 가치	인간뿐 아니라 자연과 사회 모두가 지속가능하게 공존하며 '모두의 행복'을 추구하는 현대적 발전 모델
정치사회적 적용	자유민주주의·법치주의 수호, 국민통합, 사회 갈등 해소, 국가 번영과 평화에 대한 철학적·실천적 기반 제공
미래 국가 비전	국민 주권과 자유로운 사회 구현을 통해 제2의 대한민국, 지속 가능하고 모두가 행복한 사회 건설 목표와 연결

이 같은 맥락에서 전한길은 우리 민족 전통의 철학적 토대인 홍익인간 이념을 오늘날의 현실적 자유민주주의 가치와 결합시켜, 지속가능한 행복한 사회 건설을 위한 국민적 각성과 공동 행동을 촉구하는 것으로 이해할 수 있습니다.

※ 참고로, 홍익인간은 단순 경제적 성장뿐 아니라 환경 보전, 사회 복지, 공동체 정신 등 다차원적 행복을 아우르는 포괄적 철학임을 알 수 있습니다.

4. 홍익인간에서 지속가능 행복까지

한국사 강사 전한길이 역사를 통해 궁극적으로 지향하는 바는 바로 '지속 가능한 행복'입니다. 이는 우리 민족의 근본 사상인 홍익인간(弘益人間)에서 출발하여, 현대 사회의 복잡한 과제를 해결하고 미래 세대에게 진정한 번영을 물려주려는 그의 핵심 비전입니다. 홍익인간의 정신을 오늘날의 맥락에서 '지속 가능한 행복'으로 확장하는 전한길의 시각을 살펴봅니다.

5. 홍익인간: 행복의 근원적 씨앗

'널리 인간을 이롭게 한다'는 홍익인간의 가치는 개개인의 존엄성을 존중하고 모든 사람의 행복을 추구하는 정신입니다. 전한길은 이 홍익인간이 바로 지속 가능한 행복의 씨앗이라고 봅니다.

- 개인의 존엄과 자유: 홍익인간은 인간 한 명 한 명의 가치를 인정합니다. 이는 개인의 자유와 권리가 보장될 때 진정한 행복이 가능하며, 이러한 자유가 타인의 자유를 침해하지 않는 선에서 최대한 발현될 때 공동체 전체가 이로워진다는 자유민주주의의 원리와 연결됩니다.
- 공동체의 번영: 개인의 행복이 모여 공동체의 행복을 이루고, 공동체의 번영이 다시 개인의 행복을 증진시키는

선순환 구조를 지향합니다. 이타주의적 관점에서 타인을 이롭게 하는 행위 자체가 개인에게 행복감을 줄 수 있음을 암시합니다.

6. 지속가능성: 미래 세대를 위한 책임

전한길은 현재의 행복에만 머무르지 않고, 미래 세대가 누릴 행복까지 고려하는 '지속 가능성'을 강조합니다. 그가 청년들에게 "너희가 역사의 주인이다"라고 외치며 대한민국의 미래를 걱정하는 것은 이러한 책임감에서 비롯됩니다.

- 환경적 지속가능성: 당장의 편의를 위해 미래 세대가 살아갈 환경을 파괴하지 않는 지혜가 필요합니다. 자연과의 조화를 통해 인류의 생존 기반을 보존하는 것은 인류 전체의 '이로움'을 위한 필수 조건입니다.
- 사회적 지속가능성: 세대 간 갈등, 불평등, 사회적 약자 배제 등의 문제를 해결하여 모든 구성원이 함께 살아갈 수 있는 포용적 사회를 만드는 것이 중요합니다. '재세이화'의 정신처럼, '공의로운 세상'을 만들어야 사회 구성원 모두가 안정적으로 행복을 누릴 수 있습니다.
- 경제적 지속가능성: 무분별한 성장보다는 공정하고 혁신적인 경제 시스템을 통해 안정적이고 지속적인 번영을 추

구해야 합니다. 이는 단순히 부의 축적이 아니라, 국민 모두에게 기회가 주어지고 노력의 결실을 누릴 수 있는 기반을 의미합니다.

7. 홍익인간에서 지속 가능한 행복으로 나아가기 위한 전한길의 길

전한길은 홍익인간의 정신을 바탕으로 지속 가능한 행복을 이루기 위한 구체적인 방법들을 제시합니다.

- 자유민주주의 수호: 개인의 자유와 존엄성이 보장되는 자유민주주의 체제야말로 모든 국민이 행복을 추구할 수 있는 가장 기본적인 토대라고 강조합니다.
- 공의로운 시스템 구축: 사법, 언론, 선거 등 국가 시스템이 투명하고 공정하게 작동하여 불의와 왜곡을 없애야 합니다. 이는 국민들이 사회에 대한 신뢰를 가지고 안정적으로 살아갈 수 있는 기반이 됩니다.
- 역사의 진실 계승: 왜곡된 역사를 바로잡고 진실을 알림으로써, 과거의 실수를 반복하지 않고 더 현명한 미래를 설계할 수 있습니다. 이는 미래 세대에게 물려줄 가장 중요한 유산입니다.
- 시민의 주체적 참여: 국민 각자가 역사의 주인으로서 사

회 문제에 관심을 가지고 적극적으로 참여하며, 감시를 통해 부정과 부패를 막고 올바른 방향으로 나아가도록 해야 합니다.

결론적으로 전한길은 홍익인간의 깊은 정신을 현재와 미래로 연결하여, 모든 개인이 자유롭고 존엄하며, 공동체가 공정하게 번영하고, 나아가 인류 전체가 평화롭게 공존하는 '지속 가능한 행복'의 세상을 만들자고 외칩니다. 이는 단순히 한국사의 강론을 넘어, 대한민국과 인류의 미래를 향한 그의 가장 근본적인 비전입니다.

20
청년리더 양성과
국민교육 대혁신

1. 청년리더 양성과 국민교육 대혁신

전한길과 관련하여 청년리더 양성과 국민교육 대혁신에 대해 구체적인 활동과 프로그램이 있습니다. 2025년 6월 25일, 전한길 강사와 김진홍 목사가 주도하는 '한국 청년 지도자 아카데미'가 출범했습니다. 이 아카데미는 자유 보수주의 가치를 바탕으로 청년들에게 올바른 신앙과 정의, 자유와 번영의 정신을 심어주고, 국가와 사회를 이끌어갈 차세대 지도자를 양성하는 데 목적이 있습니다.

주요 내용은 다음과 같습니다.

- 2025년 7월 초 충남 천안에서 1기 청년 캠프를 진행하며, 전국 각지 청년들이 모여 리더십 강의와 토론을 통해 성

장하는 프로그램을 운영하고 있습니다.
- 교육과정은 애국심과 바른 가치관 교육, 역사와 민족정신을 기반으로 한 자유민주주의 수호와 국민 통합에 초점을 맞추고 있습니다.
- 청년들에게 지도자로서의 책임감과 사회적 사명감을 강조하며, 단순한 개인적 성공이 아닌 공동체와 국가 발전에 기여하는 리더십을 길러내려 하고 있습니다.
- 아카데미는 6개월 과정으로 여러 기수를 배출하며, 체계적인 테스트와 평가를 통해 자격 있는 청년 리더들을 선발하는 구조입니다.
- 김진홍 목사가 이사장, 전한길이 교장을 맡아 교육 방향을 이끌고 있고, 워크숍과 특강, 토론, 봉사 프로젝트 등 다양한 교육 프로그램이 포함되어 있습니다.

또한, 전한길의 국민교육 혁신은 이와 같은 청년 리더 양성을 통해 새로운 국가 번영과 자유민주주의 수호를 촉진하는 사회적 운동으로 연결됩니다. 이는 기존 교육에서 부족하다고 여겨지는 애국심, 민족정신, 자유·법치·통합 가치 교육을 강화하는 데 주력하며, 국민 각자가 시대적 책임을 깨닫고 적극 참여하는 문화를 만들려는 의도로 해석할 수 있습니다.

요약

내용	설명
한국 청년 지도자 아카데미	자유민주주의와 보수적 가치 중심 차세대 리더 양성 프로그램이며 6개월 과정, 전국 청년 대상
주요 활동 및 특징	리더십 캠프, 역사·신앙·사회적 책임 교육, 애국심·자유정신 고취, 실천적 정치·사회 참여 강조
핵심 인물 및 역할	김진홍 목사(이사장), 전한길(교장) 중심으로 교육과 조직 운영
국민교육 혁신 목표	국민 각자의 주체성 강화, 민족정신과 헌법 가치 기반 국민통합과 자유민주주의 수호 운동 확산

전한길의 청년리더 양성과 국민교육 대혁신은 자유민주주의 수호와 국가 발전을 위한 청년 세대 주체적 역할 강화, 그리고 국민 전체의 의식 개선과 참여 활성화를 목표로 하는 중요한 사회적 프로젝트라 할 수 있습니다.

2. 청년리더 양성과 국민교육 대혁신

한국사 강사 전한길의 '자유대한민국 제2의 번영' 비전에서 핵심적인 축을 이루는 것은 바로 '청년리더 양성'과 '국민교육 대혁신'입니다. 그는 현재의 교육 시스템과 청년들이 직면한 문제를 인식하고, 이들을 통해 대한민국의 미래를 이끌어 갈 주역을 키워내고 국민 전체의 역량을 강화해야 한다고 강력히 주장합니다.

3. 청년리더 양성: 미래 대한민국의 주춧돌

전한길은 '너희가 역사의 주인이다!'라고 외치며 청년 세대에게 미래를 책임질 리더십을 요구합니다. 그에게 청년리더는 단순히 고위직에 오르는 사람이 아니라, 자유민주주의 가치를 이해하고 실천하며 사회의 긍정적인 변화를 이끌어낼 수 있는 모든 젊은이를 의미합니다.

- 가치관 정립: 이념의 혼란 속에서 청년들이 올바른 역사관과 가치관, 즉 홍익인간, 재세이화, 자유민주주의 등의 보편적 가치를 확고히 정립하도록 돕는 것이 중요하다고 봅니다.
- 비판적 사고와 문제 해결 능력 함양: 암기 위주의 교육에서 벗어나 비판적으로 사고하고, 복잡한 사회 문제를 해결할 수 있는 실질적인 능력을 길러야 한다고 강조합니다. 이는 '왜곡된 역사, 방치된 진실'에 맞서는 힘이 됩니다.
- 공정성과 정의에 대한 확고한 신념: 기성세대의 불의와 타협하지 않고, 공정하고 정의로운 사회를 만들겠다는 용기

와 의지를 가진 리더십을 강조합니다. 이는 '공의로운 세상 만들기'의 핵심입니다.
- 참여와 행동 독려: 청년들이 정치적 무관심에서 벗어나 시민감시단처럼 적극적으로 사회 문제에 참여하고, '자유를 위한 외침'을 낼 수 있는 능동적인 리더로 성장하도록 독려합니다.

4. 국민교육 대혁신: 대한민국 역량 강화의 출발점

청년리더 양성의 기반은 결국 국민교육 시스템의 근본적인 혁신에 있다고 전한길은 주장합니다. 그는 현재의 교육이 미래 사회가 요구하는 역량을 길러주지 못하고 있으며, 국민 모두의 의식 수준과 역량을 높여야만 '제2의 번영'이 가능하다고 봅니다.

- 주입식 교육 탈피와 본질적 이해: 단순히 지식을 주입하는 것을 넘어, 학생들이 스스로 생각하고 탐구하며 지식의 본질을 이해하도록 교육 방법을 혁신해야 한다고 강조합니다. 이는 역사 교육에서도 단순 암기가 아닌, 역사적 맥락과 교훈을 체득하도록 이끄는 그의 방식과 일치합니다.
- 자유민주주의 교육 강화: 대한민국의 정체성과 건국 이념인 자유민주주의의 가치를 명확히 가르치고, 이를 수호하

고 발전시킬 수 있는 시민 의식을 함양하는 교육이 필요하다고 역설합니다. 헌법 정신과 민족정신의 접점을 교육해야 한다는 것입니다.
- 실용적이고 미래 지향적인 교육: 급변하는 시대에 필요한 실용적인 지식과 기술, 그리고 창의적 문제 해결 능력을 길러주는 교육으로 전환해야 한다고 주장합니다. 이는 학생들이 미래 사회의 주역으로서 경쟁력을 갖추는 데 필수적입니다.
- 전 국민의 평생 교육 시스템 구축: 학교 교육에만 머무르지 않고, 모든 국민이 평생에 걸쳐 학습하고 성장할 수 있는 시스템을 구축하여 국가 전체의 역량을 지속적으로 강화해야 한다고 강조합니다. '지속 가능한 행복'을 위한 기반을 교육에서 찾아야 한다는 것입니다.
- 강사와 학부모의 역할 재정립: 교육 현장의 최전선에 있는 강사들이 소신을 가지고 교육에 임할 수 있는 환경을 조성하고, 학부모들도 단순히 입시 경쟁에만 매몰되지 않고 자녀의 올바른 가치관 형성과 성장에 관심을 기울이도록 변화해야 한다고 봅니다.

5. 교육 혁신을 통한 '제2의 대한민국' 건설

전한길에게 청년리더 양성과 국민교육 대혁신은 '제2의 대한민국'을 건설하기 위한 핵심 전략입니다. 그는 단순히 현재의 문제를 해결하는 것을 넘어, 교육을 통해 미래 세대가 주역이 되어 '자유대한민국'을 더욱 굳건히 하고, '홍익인간'의 정신으로 '지속 가능한 행복'을 실현하며 '인류공영'에 기여하는 국가를 만들 수 있다고 믿습니다. 그의 외침은 교육의 힘을 통해 대한민국의 밝은 미래를 열어가자는 강력한 메시지입니다.

21
통일, 인류공영, 국제연대

1. 대한민국의 길, 세계의 길과 만나다

- 한반도의 자유통일 비전
○ 분단의 역사와 자유통일의 의미
○ 통일은 민족의 과제이자 세계 평화의 열쇠
○ 통일 이후의 자유헌정질서 확립

- 대한민국과 인류 보편가치의 접점
○ 홍익인간에서 인류공영으로
○ 자유·평등·연대: 한국이 세계에 기여할 가치
○ 정의로운 국제질서와 한국의 역할

- 국제연대의 실제 사례와 전략

○ 탈북자·해외동포·국제 NGO와의 협력
　○ AI·디지털 거버넌스와 국제 네트워크 구축
　○ 청년 외교와 글로벌 시민교육

- 국민 속에서 길을 찾다
　○ 통일에 대한 국민교육 대전환 필요성
　○ '자유민주 통일' 교육 커리큘럼
　○ 전한길이 말하는 세계 속의 대한민국

- 다시, 헌법 제1조 1항으로
　○ "대한민국은 민주공화국이다"
　○ 자유를 향한 연대, 통일로 완성되는 국민주권

2. 통일, 인류공영, 국제연대

전한길의 21부작 강연 중 "21. 통일, 인류공영, 국제연대!"는 대한민국의 통일 문제를 넘어 궁극적으로 인류의 공영과 국제사회의 연대를 강조하는 포괄적 비전과 철학을 담고 있습니다. 전한길은 자유민주주의 수호에 더해 민족의 평화 통일과 세계 시민적 연대를 통해 지속 가능한 평화와 번영을 이루어야 한다고 주장합니다.

3. 주요 내용과 메시지

- 한반도 평화통일과 민족 공동체 회복

O 전한길은 분단 상황이 계속될 경우 국가와 민족 모두에게 심각한 도전이 되며, 자유와 민주주의 가치가 위협받는다고 봅니다.

O 평화통일은 단순한 정치적 통합을 넘어 민족의 역사적 상처를 치유하고, 자유민주주의 원칙을 바탕으로 한 새로운 공동체 건설 과정임을 강조합니다.

O 인위적 분열과 이념 대립을 극복하고, 국민과 북녘 주민 모두가 참여하는 자주적인 통일이 중요하다고 말합니다.

- 인류공영(人類共榮)의 정신

O 전한길은 '홍익인간'의 확장 개념으로서 인류공영을 제시합니다. 이는 한민족의 정신을 넘어서 전 인류가 서로 협력하고 상생하는 세계 평화의 가치를 의미합니다.

O 인류공영은 환경, 경제, 평화 그리고 문화적 다양성을 존중하는 지속 가능한 국제적 공존 모델로 해석됩니다.

O 한국이 이러한 인류공영 실현에 앞장서야 하며, 자유와 민주주의, 인권 기반의 국제 협력과 연대에 적극 참여해야 함을 강조합니다.

- 국제연대의 중요성
○ 전한길은 한반도 문제뿐 아니라 글로벌 차원의 자유민주주의 수호와 평화 증진을 위한 국제사회의 연대가 필수적이라고 봅니다.
○ 민주주의 국가 간 협력 강화, 인권 보호, 자유시장경제 체제 지지 등 국제연대를 통한 공동 대응을 촉구합니다.
○ 특히 동북아시아 평화와 안정, 한미동맹 강화를 기반으로 다자외교와 국제 협력 전략을 강조합니다.
○ 실천적 국민 운동과 국제 시민 의식
○ 전한길은 국민 각자가 자유민주주의와 평화를 지키는 주체일 뿐 아니라, 국제사회에서 보편적 인권과 자유라는 가치를 실천하는 시민임을 호소합니다.
○ 해외 동포와 연계된 국제 시민 운동과 협력도 확대하여 글로벌 자유민주 진영의 결속을 다져야 한다고 말합니다.

요약

구분	내용
한반도 통일	자유민주주의 기반 평화통일, 민족 상처 치유와 공동체 회복
인류공영 정신	홍익인간의 세계적 확장, 인류 상생 · 평화 · 지속가능 발전 추구

국제연대	자유민주 국가 간 협력과 평화 증진, 한미동맹과 다자외교 강화
국민과 시민 의식	국내외 시민 참여와 국제 시민 의식 강화, 보편 인권·자유 실천 운동

전한길의 "통일, 인류공영, 국제연대!"는 민족 내부의 평화와 자유를 넘어, 인류 전체의 공동 번영과 평화를 위한 국제적 협력과 연대를 핵심 과제로 삼고 있어, 그의 철학적 민족주의와 세계 시민주의가 결합된 종합적 비전으로 평가됩니다.

4. 미래를 지향해야

한국사 강사 전한길의 '자유대한민국 제2의 번영' 비전은 한반도를 넘어 통일, 인류공영, 그리고 국제연대라는 더 큰 가치로 확장됩니다. 그는 대한민국이 세계 속에서 더욱 책임 있는 역할을 수행하고, 인류 공동의 평화와 번영에 기여하는 미래를 지향해야 한다고 역설합니다.

5. 통일: 민족 번영의 완성, 평화의 시작

전한길은 한반도의 통일을 단순히 민족적 과제를 넘어, 지속 가능한 번영과 평화를 위한 필수적인 과정으로 인식합니다.

- 민족정신의 완성: 그는 우리 민족의 뿌리인 홍익인간과 재세이화의 정신이 남북한 모든 사람을 이롭게 하고, 한반도 전체에 '이치에 맞는' 질서를 세울 때 진정으로 완성된다고 봅니다. 통일은 분단으로 인해 왜곡되고 방치된 진실을 바로잡고 민족의 역사를 온전히 계승하는 길입니다.
- 새로운 번영의 기회: 통일은 단순한 영토 확장을 넘어, 한반도 전체의 경제적, 사회적 잠재력을 폭발적으로 증대시킬 기회라고 봅니다. 북한의 풍부한 자원과 대한민국의 기술력, 그리고 통일 한국의 지정학적 이점이 결합될 때 '제2의 번영'은 더욱 강력해질 수 있습니다.
- 한반도 평화의 종착점: 통일은 한반도를 둘러싼 오랜 긴장과 갈등을 해소하고, 동북아시아와 세계 평화에 기여하는 중요한 발판이 됩니다. '자유민주주의' 체제 하의 평화로운 통일은 주변국에도 긍정적인 영향을 미칠 수 있습니다.

6. 인류공영: 세계 시민으로서의 책임

전한길은 통일된 대한민국이 더 나아가 인류공영(人類共榮)이라는 보편적 가치 실현에 적극적으로 나서야 한다고 강조합니다.

- 홍익인간의 세계적 실천: '널리 인간을 이롭게 한다'는 홍

익인간의 정신은 국경을 넘어 전 세계 모든 인류에게 적용될 수 있습니다. 대한민국이 선진국으로서의 위상에 걸맞게 빈곤, 질병, 환경 문제 등 인류 공동의 과제 해결에 기여하는 것이 인류공영의 시작이라고 봅니다.
- 자유민주주의의 확산: 그가 소중히 여기는 자유민주주의는 보편적인 가치로서, 인류 전체의 평화와 번영을 위한 기반이 됩니다. 대한민국이 자유민주주의를 굳건히 수호하고 발전시키는 것은, 이를 통해 세계 민주주의 발전에 기여하고 궁극적으로 인류공영에 이바지하는 길입니다.
- 지속 가능한 행복 추구: '지속 가능한 행복'의 개념은 특정 국가에만 국한되지 않습니다. 전한길은 전 인류가 환경적, 사회적, 경제적으로 균형 잡힌 발전을 이루며 대대손손 행복을 누릴 수 있도록 국제사회와의 협력을 강조합니다.

7. 국제연대: 세계 속 대한민국의 역할 증대

전한길은 통일과 인류공영의 목표를 달성하기 위해 국제연대를 강화하고 대한민국이 세계 속에서 주도적인 역할을 수행해야 한다고 역설합니다.

- 가치 외교의 중요성: 자유민주주의, 인권, 법치 등 보편적 가치를 공유하는 국가들과의 연대를 강화함으로써 국제

질서를 더욱 안정적이고 평화롭게 만들 수 있습니다. 이는 '자유의 방패'를 국제적으로 확장하는 의미를 가집니다.
- 소프트 파워의 활용: 대한민국의 문화, 기술, 그리고 민주화 경험 등 소프트 파워를 활용하여 국제 사회의 다양한 문제 해결에 기여하고, 다른 국가들에게 긍정적인 영향을 미칠 수 있습니다. 이는 '청년 리더 양성'과 '국민교육 대혁신'을 통해 축적된 대한민국의 역량을 세계에 펼치는 것입니다.

평화 구축의 선도적 역할: 한반도 통일 과정에서 얻은 경험을 바탕으로 세계 분쟁 지역의 평화 구축과 재건에 기여하는 등, 국제 사회의 책임 있는 일원으로서 적극적인 역할을 수행해야 한다고 봅니다.

22
제2의 건국, 그리고 전한길의 선언

1. 제2의 건국, 그리고 전한길의 선언

전한길이 말하는 "제2의 건국" 선언은 주로 윤석열 대통령 탄핵 반대 집회 등에서 이루어진 그의 강력한 정치적 메시지로, 대한민국이 현재 직면한 국가 시스템 붕괴와 자유민주주의 위기를 극복하기 위한 새로운 국가 건설 운동을 의미합니다. 구체적으로 전한길은 다음과 같이 강조합니다.

- 윤석열 대통령이 탄핵을 피하고 직무에 복귀하면, 기존에 무너져가는 국가 시스템을 정상화하고 새롭게 제2의 건국을 이뤄야 한다고 주장합니다. 이는 이전 건국의 한계와 위기를 극복하고 국민 주권, 자유민주주의, 법치주의를 확실히 세우는 과정으로 봅니다.

- 전한길은 이 제2의 건국을 "제2의 건국 전쟁" 또는 "건국 운동"으로 규정하며, 국민 특히 20·30 세대가 자유와 공정을 핵심 가치로 삼아 주체적으로 참여해야 한다고 촉구합니다. 이를 통해 사회 분열과 부패, 전체주의적 위험에 맞서 새로운 국가 질서와 통합된 국민 공동체를 세워야 한다고 말합니다.
- 제2의 건국 비전에는 자유민주주의 체제 수호, 법치주의 강화, 자유시장경제 정착, 한미동맹 및 국가 안보 강화, 국민 통합과 세대 간 연대가 핵심 요소로 포함됩니다. 전한길은 이 모든 것을 국민 참여와 저항권 행사, 사회 운동을 통해 이뤄야 한다고 역설합니다.
- 또한, 전한길은 역사적 맥락에서 1948년 대한민국 건국 이후의 문제점과 한계를 언급하며, 자유와 번영을 지키기 위한 새로운 국가 건설이 필요하다는 점을 강조합니다. 그의 발언과 운동은 보수 진영 내에서 강한 지지와 동시에 논란을 일으키고 있습니다.

전한길의 "제2의 건국" 선언은

핵심 내용	설명
목적	국정 위기와 자유민주주의 체제 붕괴를 극복하고 새로운 국가 건설

핵심 가치	국민 주권, 자유민주주의, 법치주의, 자유시장경제, 한미동맹 수호
주요 주체	국민 특히 20·30 세대 중심의 적극적 참여와 저항 운동
사회적 맥락	기존 건국 이후 자유민주주의 파괴 위험과 전체주의 유혹에 대응
운동 형태	집회, 국민변호인단 조직, 국민 저항권 행사, 정치적 사회 운동

전한길은 이를 통해 대한민국을 '제2의 대한민국'으로 재건하고, 자유와 법치, 정의가 확고한 국가로 거듭나게 하려는 강력한 의지를 표명하고 있습니다.

2. 새로운 미래를 열자는 간절한 염원

한국사 강사 전한길은 현 대한민국이 직면한 총체적인 위기를 극복하고 진정한 번영을 이루기 위해 단순한 개혁을 넘어선 '제2의 건국(建國)'이 필요하다고 강력하게 선언합니다. 그의 '제2의 건국'은 물리적인 국가 건설이 아닌, 대한민국의 정신적, 시스템적 재건을 의미하며, 이를 통해 '자유대한민국'의 새로운 미래를 열자는 간절한 염원이 담겨 있습니다.

3. '제2의 건국'을 외치는 배경: 위기의 심화

전한길은 현재 대한민국이 '제2의 건국'이라는 극단적인 표현을 쓸 만큼 심각한 위기에 처해 있다고 진단합니다. 이는 그가 앞서 강조했던 여러 문제들이 복합적으로 작용하여 국가의 근간을 위협하고 있다는 인식에서 비롯됩니다.

- 자유민주주의 체제의 위협: 특정 이념에 의한 역사 왜곡, 헌법 정신 훼손, 그리고 사법·언론·선거 시스템의 불투명성 등이 자유민주주의라는 대한민국의 정체성을 흔들고 있다고 봅니다. 그는 "제2의 홍콩이 될 수도 있다"는 경고와 같이, 체제 자체가 심각한 도전에 직면했다고 판단합니다.
- 이념의 혼란과 국민 분열: 진영 논리에 갇혀 소모적인 갈등이 반복되고, 상식과 비상식이 뒤섞이며 국민 통합이 저해되는 상황을 우려합니다. 이러한 분열은 국가적 역량을 소진시키고 위기 극복을 어렵게 만듭니다.
- 미래 세대의 불안과 불신: 현재의 혼란과 불공정이 지속될 경우, 청년 세대가 대한민국에 대한 희망을 잃고 미래를 기약할 수 없게 될 것이라고 경고합니다. '제2의 건국'은 이러한 불안감을 해소하고 미래 세대에게 진정한 희망을 주고자 하는 의지의 표현입니다.

4. 전한길이 선언하는 '제2의 건국'의 의미

전한길이 말하는 '제2의 건국'은 대한민국이 처한 위기를 근본적으로 해결하고, 진정한 의미의 자유와 번영을 되찾기 위한 전면적인 정신적·시스템적 개혁 운동입니다. 이는 다음과 같은 핵심 요소들을 포함합니다.

- 자유민주주의의 재확립: '제2의 건국'은 무엇보다 자유민주주의 체제를 확고히 재확립하는 데 있습니다. 정치는 공산주의가 아닌 자유민주주의 체제여야 하고, 경제는 사회주의가 아닌 자유시장경제 체제여야 한다는 그의 주장은 이러한 재확립의 의지를 담고 있습니다. 이는 개인의 자유와 존엄성(홍익인간)이 보장되는 사회를 만들려는 근본적인 노력입니다.
- 시스템의 정상화와 공의 실현: 그는 사법, 언론, 선거 시스템 등 민주주의의 핵심 축들을 투명하고 공정하게 정상화해야 한다고 강조합니다. 왜곡된 역사와 진실을 바로잡고, '이치(理)'에 맞는 '공의로운 세상'(재세이화)을 만드는 것이 '제2의 건국'의 필수적인 과정입니다.
- 국민의 주체적 각성과 참여: '제2의 건국'은 단순히 위정자의 몫이 아닙니다. 전한길은 국민, 특히 청년들이 '너희가 역사의 주인이다'라는 의식을 가지고, '시민감시단'과

같이 적극적으로 정치 과정에 참여하며, 불의에 맞서 '진실의 함성'을 내는 것이 중요하다고 역설합니다. 비상계엄 논란 당시 시민들의 자발적 저항처럼, 국민의 능동적인 힘이 '제2의 건국'을 이끄는 원동력입니다.
- 민족 정신의 현대적 계승을 통한 번영: 홍익인간, 재세이화, 인류공영이라는 우리 민족의 고유한 사상적 뿌리를 현대적 가치와 접목하여 계승하고, 이를 통해 대한민국이 국제사회에서 더욱 빛나고 인류 전체의 번영에 기여하는(인류공영) 국가로 나아가야 한다는 비전을 담고 있습니다.

5. '제2의 건국', 새로운 대한민국을 향한 여정

전한길의 '제2의 건국' 선언은 단순히 비판을 넘어, 대한민국이 나아가야 할 명확한 방향을 제시하는 강력한 메시지입니다. 이는 대한민국의 현재 위기를 극복하고, 과거의 영광을 넘어선 새로운 차원의 번영을 이루기 위한 포괄적이고 총체적인 비전입니다. 그의 외침은 국민 개개인에게 역사의 주체로서 책임감을 가지고 '제2의 건국'이라는 위대한 여정에 동참할 것을 촉구하는, 시대적 사명감을 담은 선언입니다.

부록

1. 전한길 어록: 진실, 자유, 신앙의 말들

「진실, 자유, 신앙의 말들」

1. 진실에 대하여

"진실은 아무리 숨겨도 언젠가 빛을 뚫고 솟아오른다. 나는 그날까지 외친다."
- 전한길, 2025. 1. 25 여의도 광장에서

"거짓이 판치는 시대에 침묵은 공범이다. 침묵하지 않는 것이 내 신앙의 실천이다."
- 전한길 강연 중

"진실을 외치는 사람은 고립될 수 있다. 그러나 진실은 결코 혼자 두지 않는다."
-『SAVE KOREA 강연록』

2. 자유에 대하여

"자유는 타협의 대상이 아니다. 자유는 지켜내야 할

조상의 유산이며, 자손에게 물려줄 사명이다."
  - 전한길, 2025 춘천 강연

"자유는 누가 주는 것이 아니다. 국민이 깨어 일어날 때 지켜지는 것이다."
  -『전한길 거리연설집』

"대한민국의 자유는 피와 기도로 지켜졌다. 역사는 그 희생을 잊지 말라 한다."
  - 광화문 강연 중

3. 신앙에 대하여
"나는 먼저 하나님의 사람이 되고, 그다음 국민의 한 사람이 된다."
  - 전한길, 부산역 집회 연설

"신앙은 정치의 도구가 아니다. 그러나 신앙은 정의를 외치게 한다."
  -『전한길의 기도』

"신앙은 교회에만 머물 수 없다. 거리에서, 광장에서, 진실을 향해 걷는 발걸음에도 함께해야 한다."

　- 동대구 연설 중

4. 청년에게

"청년이여, 역사의 한복판에 서라. 분노하라. 그리고 행동하라."

　- 전한길, 청년특강

"당신이 바로 시대의 이정표다. 누구도 당신 대신 자유를 외쳐주지 않는다."

　-『전한길과의 대화』

5. 대한민국을 위하여

"나는 오늘도 묻는다. 이 나라는 누구의 나라인가? 깨어 있는 우리가 주인임을 외친다."

　- 전한길, 금남로 연설

"국가는 헌법 위에 설 수 없다. 국민은 자유 위에 깃든다."

　- 대전 집회 중

"이 땅은 홍익인간의 유산이고, 자유민주주의의 결실이다. 그 두 가지를 지키기 위해 나는 오늘도 나선다."
— 『전한길의 선언』

6. 기도와 결단

"내가 외치는 말보다, 내가 드리는 기도가 더 커야 한다. 나는 기도로 싸운다."
— 전한길의 새벽 기도 중

"기도는 나를 흔들지 않게 한다. 외침은 나라를 흔들게 한다."
— 『전한길의 신앙노트』

7. 주요 특징

- 진실 추구: 전한길 강사는 항상 진실을 직시하고 거짓을 멀리하는 태도를 강조합니다. 어록에는 현실을 냉정하게 분석하고, 문제의 본질을 파고들어 해결책을 찾는 그의 사고방식이 담겨 있습니다. 이는 비단 학습뿐 아니라 삶의 다양한 문제에 적용될 수 있는 지혜로운 조언들로 이루어져 있습니다.

- 자유에 대한 갈망: 억압받지 않는 삶, 스스로 선택하고 책임지는 삶의 중요성을 역설합니다. 수험생들이 주어진 환경에 갇히지 않고, 자신의 잠재력을 최대한 발휘하여 진정한 자유를 누리기를 바라는 마음이 어록 곳곳에서 묻어납니다. 이는 단순히 개인의 자유를 넘어, 사회 속에서 개인이 추구해야 할 가치로서의 자유를 의미하기도 합니다.
- 신앙과 삶의 자세: 특정 종교를 넘어선 보편적인 의미의 신념과 긍정적인 삶의 태도를 강조합니다. 어려움 속에서도 좌절하지 않고 굳건히 나아가는 용기, 자신에 대한 믿음, 그리고 더 나은 미래를 위한 노력을 독려하는 메시지들이 담겨 있습니다. 이는 수험 생활의 고난을 이겨내고 성공적인 삶을 향해 나아가는 데 필요한 정신적 지주 역할을 합니다.

8. 어록의 의의
- '전한길 어록: 진실, 자유, 신앙의 말들'은 전한길 강사가 오랜 시간 교육 현장에서 수많은 학생들을 만나며 얻은 깨달음과 경험이 녹아든 결과물입니다. 그의 진솔하고 거침없는 화법이 어록에도 그대

로 반영되어 있으며, 이는 독자들에게 깊은 울림과 실질적인 동기 부여를 제공합니다.
- 이 어록은 수험생들에게는 학습 과정에서의 멘탈 관리와 방향 설정을 돕는 나침반이 될 수 있고, 일반 독자들에게는 삶의 지혜와 통찰을 얻을 수 있는 귀한 자료가 될 것입니다. 전한길 강사의 팬이라면 그의 철학을 더 깊이 이해할 수 있는 기회가 될 것이며, 그렇지 않더라도 삶의 본질적인 질문에 대한 답을 찾아가는 여정에 좋은 길잡이가 되어줄 것입니다.

2. SAVE KOREA 강연 요약본

1 강연 개요

- 제목: SAVE KOREA.1 "진실을 외치다"
- 일시/장소:

    2025. 1. 25(토) 14:00, 여의도 국회의사당 앞 대로

    2025. 2. 1(토) 14:00, 부산역 광장

    이후 대전, 광주, 동대구, 춘천 등 전국 순회
- 주최: 깨어있는 시민행동단, SAVE KOREA 추진본부
- 강연자: 전한길(역사강사, 신앙인, 시민행동가)

2 핵심 메시지 요약

가) 진실의 외침-"거짓 권력을 밝힌다!"

- 선관위, 사법부, 언론의 타락은 대한민국 헌정질서를 위협하고 있다.
- 나는 진실을 위해 거리로 나섰고, 그 대가는 고립이었으나 침묵할 수 없었다.
- "탄핵은 거짓이다. 국민은 속지 않았다. 우리는 진

실을 직면해야 한다."

나) 자유의 경고-"우리는 자유를 잃고 있다!"
- 헌법을 무너뜨리는 자들이 나라를 지배하고 있다.
- 자유민주주의는 타협의 대상이 아니다.
- 청년이 침묵하면 자유는 끝난다.
- 자유는 싸워서 지켜야 한다. 국민이 깨어 있어야 자유는 살아있다."

다) 신앙의 결단-"나는 기도하며 싸운다!"
- 나는 하나님의 사람으로 이 자리에 섰다.
- 신앙은 정치의 도구가 아니지만, 거짓에 맞서는 용기의 뿌리다.
- "나의 분노는 나의 기도에서 비롯되었다. 나는 기도하며 외친다."

라) 청년에게 보내는 외침-"분노하라, 깨어나라, 나서라!"
- 이 나라는 청년의 피로 세워졌다. 지금도 청년의 분노가 필요하다.

- 행동하지 않는 분노는 소멸하고, 깨어 있지 않은 지식은 도구가 된다.
- "청년이여, 역사의 주인이 되어라. 시대는 너를 부르고 있다."

마) 국가와 헌법을 위한 절규-"이제는 국민이 일어설 때다!"
- 국가는 국민의 것이다. 권력은 위임된 것이다.
- 대한민국은 헌법 위에 설 수 없다.
- "나는 역사의 증인이 되어, 이 광장에서 싸운다. 그리고 기록한다."

3. SAVE KOREA 선언문 요약

1) 우리는 진실을 외치며 침묵하지 않는다.
2) 우리는 자유를 지키며 어떤 타협도 거부한다.
3) 우리는 신앙과 헌법에 따라 정의를 선포한다.
4) 우리는 국민주권을 위헤 끝까지 싸운다.
5) 우리는 SAVE KOREA를 위해 행동하는 양심이 된다.

4. 전한길의 마지막 외침

• "나는 이 싸움에서 물러서지 않겠다.
나는 진실 앞에, 하나님 앞에, 대한민국 앞에 서 있다.
SAVE KOREA는 나의 외침이자, 너희 모두의 외침이다!"

5. '전한길의 SAVE KOREA 강연 전문'

2025. 1. 25. 토 14시 여의도 국회의사당 대로

I'm christian 전한길입니다.

저는 오늘 제가 믿는 하나님의 말씀이 담긴 성경책에 손을 얹고 기도하는 마음으로 시작하겠습니다.

■ 저는 하나님을 사랑합니다. 그리고 대한민국을 사랑합니다.

이렇게 기독교든 카톨릭이든 불교든 종교의 자유가 있고, 표현의 자유가 있는 자유민주주의 대한민국이 좋고, 종교의 자유가 없고, 사상과 표현의 자유가 억압되는 중국과 전체주의, 공산주의 북한 공산정권은 싫습니다.

- **저는 오늘 처음으로 대통령 탄핵 반대 집회에 참석했습니다.**

너무 늦게 나타나서 죄송하고, 대한민국을 다시 살려내고 굳건한 한미동맹 속에서 전쟁을 막고, 평화로운 대한민국을 우리 20·30 세대들에게 물려주기 위해서 어느 것이 옳은지? 무엇이 진실인지? 무엇이 공의인지? 무엇을 해야만 하는지? 를 저보다 먼저 깨닫고 진작부터 집회에 참석해서 '목이 터져라' "탄핵 반대"를 외쳐주셨던 깨어있는 모든 시민 여러분들께 늦게 합류해서 죄송하다는 말씀과 함께 감사하다는 말씀을 전합니다.

저처럼 비록 직접 집회에 참석은 못하지만 대한민국 전국 방방곡곡에서 "탄핵반대"를 응원하는 수 천만명의 국민들이 박수를 보내고 있다는 것을 아시고 더욱 소리 높여 "탄핵반대"를 외쳐주십시오.

- **지지율이 증명하는 민심**

이 추운 겨울 차가운 아스팔트 위에서 대통령에 대한 탄핵과 망신주기식 무리한 체포와 구속에 맞서고, 공정하지 못한 재판에 맞서고, 왜곡 보도하는 거대한 언론 권력에 맞서서 침몰하려는 대한민국을 살려내고자 "탄핵반대"를 외치고 용감하게 싸워주신 여러분들 덕분에 국민들도 진실을 알게 되면서 비상계엄 직후에 10%까지 떨어졌던 대통령의 지지율이 현재 마의 벽이라 하던 40%를 넘었고, 오늘이 지나면 50%를 넘고, 조만간 60%를 넘게 되면 윤석열대통령은 분명하게 복귀하게 될 것입니다(100% 직무 복귀됩니다.).

헌법재판소 이미선 재판관은 말했습니다. "헌재는 여당과 야당을 떠나 오직 국민만 바라보고 간다"라고 했습니다. 이말이 무슨 뜻입니까 대통령의 지지율이 올라가고 직무 복귀하기를 바라는 국민이 많아진다면 기꺼이 탄핵기각 심판을 하겠다는 뜻 아니겠습니까.

■ 대한민국의 주인은 국민입다.

20·30세대 여러분, 그리고 모든 국민 여러분 민주주의의 주인은 누구입니까?

우리 헌법 1조에서〈대한민국은 민주공화국이고, 모든 주권은 국민에게 있고, 모든 권력은 국민으로부터 나온다.〉라고 되어 있습니다. 입법부, 행정부, 사법부 그리고 헌법재판소 그 위에 누가 있습니까? 바로 이 땅의 주인인 "국민"이 제일 위에 있는 것입니다. 오늘 우리 이 탄핵반대 집회 역시 대한민국의 주인으로서 부당한 공격과 절차적 정의를 상실한 권력에 맞서고, 왜곡 편파 보도 언론에 맞서서 떳떳하게 우리 주권을 되찾고 대통령을 직무복귀 시켜서보다 더 강한 대한민국보다 살기 좋은 대한민국을 함께 만들어가야 하지 않겠습니까.

■ 저는 정치인이 아닙니다. 한국사 강사입니다.

저는 지난 26년간 수능강의와 공무원강의를 통해서 20·30세대들을 가르치면서 살아온 한국사 강사입니다.

한국사를 가르치는 강사로서 대한민국을 사랑하고 대한민국 국민으로서 늘 자부심을 가지고 살아가라고 가르쳐왔습니다. 우리는 아픈 역사를 가지고 있습니다. 35년간의 일제 식민 지배를 겪었고, 연이어 동족상잔의 비극 6.25 전쟁으로 무려 300만명 이상이 희생되는 전쟁을 치렀습니다.

이렇게 식민지배와 전쟁으로 전세계에서 가장 가난했던 나라, 석유 한 방울 안 나고 지하자원 하나 없는 나라가 놀랍게도 현재 세계 198개국 중에서 경제력 12위, 군사력 5위, 제조업 5위, 국력은 일본을 누르고 6위에 올랐습니다. 지난해 수출액은 무려 6천 8백억 달러로 사상 최고치를 경신하였고, 이 어려운 경제 정세 속에서도 지난해 국제무역수지는 500억 달러 흑자를 기록하였습니다. 이런 위대한 대한민국 자랑스럽지 않습니까, 우리 국민 대단하지 않습니까.

■ **부모님께 어르신들에게 감사드립니다.**

이렇게 세계 최빈국에서 국력 6위에 오를 수 있었던 것은 바로 당신께서는 못먹고, 못입고 못누리고 오직 국가와 가정과 자식세대들 먹고 살게 하려고 불철주야 희생하고 헌신하신 우리 부모세대의 땀과 노력 덕분 아니겠습니까. 이제 늙어서 주름은 깊어지고 기력은 약해졌지만 우리는 우리 위해서 헌신하신 우리 부모세대, 할아버지 할머니 세대에 감사함을 잊어서는 안될 것입니다. 저희 아버지 어머니 역시 일평생 동안 가난 속에서 농사짓고 자식 위해서 고생만 하시다가 저희 아버지는 호강 한번 못해보시고 이미 하늘나라 가셨고, 시골에 어머님 홀로 계십니다. 우리 20·30세대 여러분, 그리고 40·50세대 여러분, 모두 같은 마음으로 우리 자식들 위해서 헌신해주신 그래서 지금의 대한민국의 이만큼 먹고 살게 만들어주신 부모님들, 할아버지 할머니께 감사의 뜻으로 박수를 한 번 올려주십시오. 그리고 살아계신 부모님이 계시면 목숨 다해 효도를 다 하십시오.

■ 이제는 20·30 청년들이 나서겠습니다.

그리고 지금까지 태극기 들고 성조기 들고 오직, 대한민국과 든든한 한미동맹을 위해서 애써 주셨던 어르신들분들께 그동안 좀 삐딱하게 봤던 것을 사과드리고, 용서를 구합니다. 맞습니다. 행동하는 어르신들이 계셨기에 지금 우리가 있으니 이제 오늘도 보다시피 20·30세대가 대부분입니다. 아직 어리게 보이시겠지만 그래도 이제 한 번 믿고 지켜봐주십시오. 우리 20·30세대들 오늘 보다시피 얼마나 대견스럽습니까 이제 21세기 첨단 디지털시대에 좌, 우를 넘고 진보, 보수를 넘어서 보다 더 합리적이고 공정하고 상식이 존중되는 멋진 대한민국을 만들어 줄 것이라 믿어보겠습니다. 어르신들께서 이번에는 믿음직한 20·30 청년들에게 격려와 용기의 박수를 한 번 주십시오.

■ 하나가 되어야 합니다.

바로 이겁니다. 이번 비상계엄을 계기로 국민들이 깨

어나고 정치가 얼마나 중요한 것이고 민주주의가 얼마나 중요한 것인지 깨닫게 되어 이제 앞으로는 좌우의 갈등을 넘고, 지역갈등을 넘고, 세대간의 갈등을 넘고, 남녀간의 갈등을 넘고, 노사간의 갈등을 넘어 우리 모든 대한민국 국민들은 하나가 되어야 합니다. 나아가 남북평화통일을 이루고 한반도 한민족 모두가 하나되어 서로 통합하고 서로 존중하고 보다 더 풍요롭고 행복한 21세기 선진 통일 대한민국을 만들어가야 하지 않겠습니까.

그리고 1945년 광복 이후 가장 가난했던 나라가 세계국력 6위의 선진 자유민주주의를 실현하기까지는 훌륭한 지도자와 동시에 독재에 맞서 민주화를 외친 민주화운동 열사들의 희생덕분이니 늘 그분들께도 감사하는 마음 가져야 할 것입니다.

■ 역사적 안목으로 지도자들을 평가해야 합니다.

저는 이승만 대통령을 존경합니다. 그리고 박정희대통령, 김영삼대통령, 김대중대통령, 노무현대통령도 모두 존경합니다.

지금까지 우리는 이승만대통령을 존경한다고 하면 우파라고 하고, 이승만은 독재자라고 하면 좌파로 편가르기 해서 상대방을 싸잡아 공격했는데, 이제 20·30세대들은 이런 기성세대가 만들어 놓은 편협된 역사관도 극복해야만 합니다. 이승만대통령은 독재를 위한 개헌과 3.15 부정선거 등의 과오도 있지만 광복과 6.25 전쟁의 그 혼란 속에서 농지개혁을 통해 소작농들이 땅을 가질 수 있도록 했고, 공산화를 막아내고 한미상호방위조약을 통해 주한미군의 주둔을 약속받은 덕분에 튼튼한 안보의 토대를 위에서 우리는 지난 70여 년간 전쟁 없는 나라에 살 수 있었던 된 것입니다. 이렇게 역사는 시대정신에 입각해서 공, 과를 균형되게 볼 수 있는 안목이 필요한 것입니다. 박정희대통령 역시 유신 독재의 과오도 있지만 경제 성장의 일등공신임은 아무도 부정할 수 없을 것입니다. 일평생 민주화운동을 위해서 헌신하신 김영삼, 김대중대통령 역시 감사하는 마음을 가져야 할 것입니다. 진보 세력의 지지를 받아서 당선되었지만 지지자들로부터 욕먹어가면서도 한미FTA체결을 이뤄냈고, 미국의 요청을 받고 이라크 자이툰 파병을 실행하면서 확고한 한미동맹을 다지게 했던 것은 높이 평가되어야 할 것입니다.

■ 저도 '노사모' 출신이었습니다.

이제서야 밝힙니다만 저는 '노무현을 사랑하는 사람의 모임' 즉, 노사모 출신입니다. 노무현대통령이 가장 심혈을 기울여 이루고자 했던 것이 무엇인지 아십니까? 바로 동서통합 국민통합이었습니다. 이런 노무현정신을 이어받아서 이제는 평화통일을 통해 남북통합까지 이루고 나아가 세계 평화와 화합에도 기여해야만 할 것입니다.

■ 왜 내가 이 자리에 섰는가?

정치에 한 발 떨어져 있던 전한길이 왜 이렇게 집회에 직접 나서게 되었을까요?

지난 12.3 비상계엄이 선포되었을 때 '비상계엄은 미친 짓이다. 21세기 선진 대한민국에서 무슨 비상계엄이냐"라고 비판했었습니다. 하지만 탄핵 정국 50여 일을 지나면서 몰랐던 새로운 사실들을 많이 알게 되었습니다. 도대체 왜 대통령이 비상계엄을 선포했는지 그 이유와 전후 과정을 통해서 실체를 알게 되었습니다. 우리 현대사에서 유래없는 거대 야당의 입법 폭주와 함께 무려 29차례의 탄핵으로 결국 대통령도 탄핵, 국무총리도 탄핵, 범죄자를 수사하겠다는 중앙지검장과 검찰도 탄핵, 부정을 감시하는 감사원장도 탄핵, 결국은 지금 대한민국은 안보책임자인 국방부 장관도 없고, 치안과 안전 책임자인 행안부 장관과 경찰청장도 없고 이런 시국에 대행의 대행마저도 말 안들으면 또 탄핵하겠다고 협박하고 있는 상황입니다. 이런 상황을 지켜보고 있노라니 어느 국민이 분노하지 않을 수 있겠습니까? 뿐만 아니라 비상계엄의 이유 중 하나인 야당의 일방적인 2025년 예산 삭감도 알게 되었습니다. 근데, 그 내용을 보고 경악을 금치 못했습니다. 대통령 특활비 82억원 전액 삭감, 조폭과 범죄자 잡는 검찰의 경비 587억원 전액 삭감, 마약사범 잡고 치안 활동하라는 경찰의 경비 31억원 전액 삭감, 청년 일자리 지원과 육성 예산 15억원 삭감, 더 충격적인 것은 요즘 병장 급여 인상으로 상대적으로 직업 군인의 사기가 바닥인데, 그래서 편성한 초급간부의 처우개선 예산 141억원 삭감…. 이런 것을 보면서 과연 야당은 예산 삭감한 이유가 과연 국민을 위한 것일까? 아니 어떻게 대통령 경비 82억원 전액을 삭감하고 0원 만들어버리냐고? 이것은 돈 하나도 안주고 집안 살림 알아서 살아라는 것이고 살기 싫으면 그냥 집 나가라는 것과 무엇이 다르겠습니까?

이런 상황을 지켜보면서 국민들은 이들이 과연 진짜 국민을 위한 정치를 하고 있는지? 그 실체를 알아버린 것이고, 이런 속에서 진행된 탄핵 정국 속에서 편파보도, 왜곡보도의 극단을 보면서 기존 언론에 대한 신뢰가 완전히 무너졌고, 듣도 보도 못했던 우리법연구회, 국제인권법연구회라는 사법부 내 정치적으로 편향된 재판을 일삼는 판사들도 알게 되었고 공수처와 서부지법의 이상한 영장 발부와 판결을 보면서 상식적으로 납득이 되지 않는, 현직 대통령에 대한 예우는 하나도 없고 일반 서민보다 더 잔인하게 온세계가 지켜보는 가운데서 보여주기식 체포와 구속과 법이 집행을 통해 국제적인 비웃음 거리로 전락시키는 이들의 행태를 통해서 다시 한번 더 그들의 본질도 알게 되었습니다. 그들은 공정한 법 집행보다는 오직 자신들의 이익을 위한다는 것을 알게 되었고 그 와중에 다들 아시다시피 용산 대통령 관저 체포가 진행될 때 관저 밖에는 양쪽 시민들이 극단적으로 대치하고 있었고, 관저 입구에서는 공수처 하수인이 된 경찰과 경호처가 무력 충돌 직전까지 대치하던 때에 "절대로 국민을 다치게 할 수는 없다. 경찰도 경호처도 모두 우리 소중한 우리 국민인데, 차라리 내가 잡혀가겠다"고 윤석열대통령이 희생을 선택하는 것을 봤을 때 그때서야 저는 진정으로 누가 대한민국을 더 사랑하고 있는지?, 누가 더 국민을 더 생각하고 있는지? 그리고 이순신장군처럼 어려울 때 자기 부하를 희생시키는 것이 아니라 희생은 본인이 감당하려고 하는지[지도자의 가장 큰 덕목]를 정확히 깨닫게 되었습니다.

윤석열대통령이 이렇게 우리 국민을 사랑하고 있다는 것을 깨달았습니다. 당연히 우리 역시 대통령을 사랑할 것입니다. 그리고 이제는 우리가 지켜드리야 될 때가 아니겠습니까?

윤석열대통령님, 우리가 지키겠습니다.

힘내십시오~!!! 파이팅!!! 파이팅!!!! 파이팅!!!!

■ 계엄령인가, 계몽령인가?

어떤 사람들은 이번 비상계엄령을 "계몽령"이라고 하는데... 혹시 들어보셨습니까?

비상계엄과 대통령 탄핵 후 야당에서는 내란이라고 하고 대통령은 입법 독주와 행정부를 마비시키고자 29회의 탄핵과 일방적인 예산안 삭감과 같은 국회의 패악질을 국민에게 호소하고자 선포한 합법적인 계엄이라고 맞서고 있습니다. 그런데, 법적으로는 잘 모르겠지만 상식선에서 한 번 생각해보면 역사적으로 왕이 통치하든 대통령이 통치하든 대통령이 내란을 일으킨다? 그런 역사적인 사례가 없으며, 계엄군 동원도 3만 5천명 동원되었던 5.16 군사정변, 2만여명 동원되었던 12.12사태 등과 비교해봤을 때 1/100밖에 안되는 인원이라…국회를 장악하려면 최소 수 천명은 동원되어야 할텐데 기껏 국회의원수보다 적은 280명, 선관위 297명 동원되었고 거기다가 실탄도 장전하지 않고…. 그리고 계엄 선포 후 불과 2시간 만에 계엄해제 의결되고 6시간만에 종료되었으니 밤에 일찍 잠든 사람은 자고 일어나서 뉴스보니 계엄과 시작이 모두 끝난 상태라…아무튼, 저는 분명히 비상계엄은 잘못되었다고 생각이 듭니다만 재판을 끝나봐야 알 것이고, 많은 국민들이 계몽령이라고 하기도 하는데 과연 여러분의 생각은 어떻습니까? "계몽령" 맞습니까?

상기와 같이 수면 밑에서 진행되고 있었던 것에 대해서 알게되었으니 저에게 '계몽령'이 되었지요

■ 헌재 재판소는 공정해야 해야 합니다.

어느덧 이제는 헌재의 시간이 다가왔습니다. 헌법재

판소에 대해서는 대한민국의 현재 가장 중대한 대통령 심판을 심판하는 기관이니까 모든 국민들은 바라보고 있고 심판의 결과는 대한민국의 앞날에도 너무나 큰 영향을 미칠 것입니다다. 부디, 헌재만큼은 공수처나 서부지법처럼 정치적인 오해를 사지 않도록 오직 법과 양심에 따라서 올바른 판단을 해주기를 모든 국민들이 바라고 있고, 그래서 다시 헌재의 권위를 되찾을 수 있기를 모두가 바라고 있습니다.

그런데, 안타깝게도 이미 여러 불공정성 논란이 일어나고 있습니다. 먼저, 국회 탄핵소추단이 헌법재판소의 대통령 탄핵심판 소추 사유에서 '형법상 내란죄'에 해당하는 부분을 제외한 것을 두고서 논란이 본격화 되었습니다. 국회에서 대통령 탄핵가결시킬 때 가장 큰 내란혐의로 국회에서 통과시켰는데, 지금 와서 내란죄를 뺀다면 당연히 헌재에서는 대통령탄핵소추안은 기각심판 하고 국회로 돌려보내서 탄핵소추를 다시 하라고 하는 것이 상식일 것이다. 싸상면을 시켰는데 짜장면은 안나오고 단무지만 나왔는데, "그게 짜장면이니 먹어라"고 한다면 어느 누가 납득을 하겠습니까. 그러나 헌재에서는 또 아무 문제없다고 하고서는 현재 탄핵 심리가 진행되고 있지요. 그리고 헌재 재판관 중에서 문형배재판관과 이재명 야당 대표와의 친분 의혹에 대해서도 역시 헌재는 "개인적 관계로, 심리에 영향이 없다"고 일축하였습니다. 참, 이러니까 절차적 정의와 공정성과 합리성을 강조하는 20·30세대들이 누가 이걸 믿고 따라가겠습니까… 탄핵의 과정, 내란 수사권도 없는 공수처의 수사와 납득이 되지 않는 체포 영장 발부와 대통령에 대한 조사 본질의 목적보다 무조건 망신줘서 체포하는 것, 그 와중에 야당에서는 총맞는 일이 있더라도 체포하라고 선동하고… 야당대표는 도주와 증거인멸 염려 없다고 불구속수사하고 대통령은 증거인멸 가능성 있다고 구속수사 판결하고, 헌재에서는 무조건 빨리 재판하겠다고 탄핵소추의 가장 큰 내란죄는 빼고 심판하겠다고 하고…

정말 기성세대의 한 사람으로서 부끄러워서 얼굴을 못들겠습니다. 우리나라가 왜 이렇게 되었는지… 국회, 선관위, 공수처, 서부지법, 헌재까지 모두 한통속… 참으로 참담할 뿐입니다.

■ 우리는 왜 이 자리에 모였는가?

그래서 우리가 지금 이 차가운 아스팔트 바닥에 모인

것 아니겠습니까?

이렇게 무너져가는 대한민국을 다시 살리려고 여기에 모인 것 아니겠습니까?

한 번 더

헌법재판소 이미선재판관은 말했습니다. "헌재는 여당과 야당을 떠나 오직 국민만 바라보고 간다"라고 했습니다. 이말이 무슨 뜻입니까 대통령의 지지율이 올라가고 직무 복귀하기를 바라는 국민이 많아진다면 기꺼이 탄핵기각을 하겠다는 뜻 아니겠습니까.

자 그럼 우리 다시 뭉칩시다.

보수든 진보든 뭉쳐서 대한민국을 살려냅시다.

더욱더 강한 대한민국, 통합되는 국민 그래서 20·30세대들이 보다 살기 좋은 대한민국, 상식이 존중되고 정의와 공의가 강물처럼 흐르는 그런 반듯한 대한민국을 소망하는 모든 국민들은 함께 해주십시오.

비상계엄 직후에 10%까지 떨어졌던 대통령의 지지율이 현재 마의 벽이라 하던 40%를 넘었고, 오늘이 지나면 50%를 넘고, 조만간 60%를 넘게 되면 윤석열대통령은 100% 직무 복귀됩니다. 우리 대통령 윤석열, 우리 대통령 윤석열~~!

■ 광주시민께 드리는 호소

민주화를 사랑하는 우리 전라도 광주시민 여러분들께 호소합니다. 독재에 맞서서 민주화를 이루어낸 주인공들 아닙니까. 저도 광주 망월동 묘지에 여러번 갔었습니다. 5.18광주민주화운동 때 희생된 분들께 "당신들의 희생으로 대한민국의 민주화가 앞당겨졌다"고 "감사합니다. 잊지 않겠습니다."라고 약속했습니다.

전라도 광주 시민 여러분, 지금 야당의 행태를 보십시오. 입법 독주, 29차례의 유례 없는 탄핵[그것도 감사원장 탄핵, 범죄자 잡는 중앙지검장과 검찰탄핵], 일방적인 예산 삭감 통해서 행정부를 마비시키고… 대통령과 국무총리까지 포함 29번의 탄핵… 이게 말이나 됩니까

최근 들어와서는 야당에 대한 지지율이 떨어지니까 언론조사기관을 협박하고, 전국민 대상으로 자기들 비판 못하게 카톡검열을 한다고 협박하고, 급기야 선관위를 비판하는 전한길을 민주당 파출소에서 고발했습니다.

이게 과연 독재에 맞서 싸워왔던 민주화를 부르짖었던 결과물이 맞습니까?

- 70년대, 80년대, 90년대 민주화 운동을 해오셨던 분들께서 이제 응답하실 차례입니다.

우리가 독재에 맞서서 싸우며 이루어낸 민주화가 과연 이런 모습입니까? 표현의 자유를 말살하고 공정과 상식은 무너지고 꼼수와 반칙이 팽배해지는 지금의 야당과 공수처와 사법부와 헌재의 모습에서 과연 "정의", "민주"의 모습이 단 하나라도 존재하고 있는지요?

김대중전대통령께서 말씀하셨습니다.

"행동하지 않는 양심은 악의 편"이라고…

작금의 사태를 보면서 만약 침묵한다면…

그래서 훗날 대한민국의 상식과 공정이 무너지고 난 뒤 "아빠는 그때 뭐하고 있었어? 왜 침묵하고 있었어?"라고 우리 자식세대들이 물어왔을 때 과연 무엇이라고 변명하시겠습니까?

- 전 세계를 향한 메시지

이번 대통령 탄핵으로 가장 가까운 우방국 미국의 트럼프대통령 취임식에도 참석하지 못한 우리대통령을 대신해서 우리 국민의 뜻과 목소리를 전달해드리고자 합니다.

트럼프대통령님,

제 47대 대통령 취임을 축하드립니다.

우리 대한민국 윤석열대통령과 국민들은 미국을 사랑합니다. 그리고 주한미군을 사랑합니다.

그리고 트럼프 대통령을 지지합니다.

우리 대한민국과 미국은 지난 70여 년간 군사적 동맹과 경제적 협력을 통해서 상호 우호와 협력 속에서 가장 가까운 우방으로 튼튼한 신뢰관계를 유지해왔습니다.

우리 대한민국이 북한 공산당의 침략을 받았을 때 유엔군 이름으로 멕아더장군을 비롯한 미군이 와서 우리 대한민국이 공산화 되는 것을 막아주었습니다.

그 전쟁 속에서 사망자 36,574명, 부상자 103,284명, 포로 및 실종자 7,926명 합계 희생자 147,784명의 미군이 북한 공산당과 싸우다가 희생된 것을 우리는 절대로 잊지 않고 기억하고 있으며, 이분들의 희생과 주한미군이 지켜준 덕분에 지난 70여 년간 대한민국은 공산당과 맞서서 이길 수 있었고 평화를 유지하고 있습니다.

트럼프대통령님!

아시다시피 안타깝게도 우리 대한민국의 대통령은 현

재 야당의 일방적인 공격을 받고 현재 탄핵 소추 심판과 내란혐의로 수사를 받고 있습니다.

그래서 취임식날 트럼프대통령과 가장 가까운 옆자리에 앉아서 취임 축하를 해드렸어야 하는데 그렇게 하지 못하였습니다. 아마도 트럼프 대통령 역시 같은 마음이었을 것이라 생각합니다.

트럼프대통령님!

우리 대한민국 국민들은 현명하며 성숙된 민주화 의식을 가지고 있기 때문에 지금의 탄핵 정국도 무사히 잘 극복해낼 것입니다. 그러니 조금만 기다려 주십시오. 갇힌 윤석열대통령의 지지율이 현재 50%를 넘어가고 있고 조만간 탄핵이 기각되면 대통령 직무복귀를 할 것입니다. 복귀하게 되면 최대한 빠른 시일내에 두 정상이 만나서 남북관계의 평화와 나아가 동북아시아 평화와 더 나아가 세계의 평화를 위해서 함께 협력하는 자리를 만들어 주십시오.

한 번 더, 트럼프대통령의 취임을 축하드리며, 우리 대한민국은 지금까지 가장 돈독한 신뢰 속에서 함께 해온 한미관계처럼 앞으로도 언제나 상호 협력을 통해서 세계의 평화에 기여하고 그래서 재임 기간에 노벨평화상을 두 대통령이 나란히 함께 수상할 수 있기를 소망하고 기도하겠습니다.

여러분, 우리 국민들을 대표해서 트럼프대통령을 위해서 큰 박수를 부탁드립니다.

Fighting~!!! Fighting~!!! Fighting~!!!

여러분 제가 꿈꾸는 우리 20·30 청년세대들과 미래세대들에게 전해주고 싶은 아젠다는 이것이고, 다음 집회 때 더 구체적인 미래 청사진을 제시해드리겠습니다.

■ 이제 다시 뭉쳐야 합니다.

이제 제 강연을 마무리 짓고자 합니다.

저는 20·30세대들과 모든 국민 여러분들께 한 번 더 호소합니다. 지금 대한민국은 정치적, 경제적, 군사적 모든 면에서 가장 위기에 처해있습니다. 이럴 때는 무조건 뭉쳐야 합니다. IMF 외환위기 때도 우리는 모두가 하나되어 '금모으기운동'을 통해서 3년 만에 극복했고 [당시 700만 재외동포들께서도 너무나 많은 달러를 보내주셨던 것을 잊지 않고 있습니다.] 2002 월드컵때는 모든 국민이 하나가 되었고 모두 한 마음으로 응원했지 않습니까. 우리 대한민국은 다시 일어날 수 있습니다. 석유 한방울 안나고, 지하자원 하나 안나는데도 불구하고, 첨단 디지털 강국으로서 세계 198개국 중에서 일본을 누르고 국력 6위, 수출액 6위의 위업을 달성한 우리 국민들입니다.

우리 기업들도 다시 일어날 수 있습니다. 기업가들과 근로자분들도 어려울 땐 다 같이 허리띠 졸라매고 서로 협력하고 노사와 세대와 정치적인 진영을 넘어서 다시 한번 더 뭉쳐봅시다. 뭉쳐서 대한민국을 전세계에서 보란 듯이 이 위기의 비상계엄과 탄핵정국을 극복하고 다시 우뚝서는 모습을 보여줍시다.

그래서 역시 싸이, BTS, 블랙핑크, 로제 보유국, 손흥민 보유국, 김연아 보유국, 오징어게임의 나라, 전세계가 지금 K팝, K푸드, K컬처, K방산에 열광하고 있는 때에 다시 한번 더 일어나도록 뭉쳐봅시다. 삼성, LG, 현대, SK, 포스코, 롯데, 네이버를 비롯한 모든 대기업과 중소기업 모든 기업가와 근로자분들 힘내십시오. 다시 허리띠 졸라매고 전세계가 지켜보고 있는 이 때에 보란 듯이 우뚝 다시 일으켜 세워봅시다. 그래서 우리 20·30

세대와 자식세대들이 더 살기좋은 대한민국을 만들어서 물려주도록 합시다.

 우리 역사를 돌아봐도 강대국 틈바구니 속에서 무려 900회가 넘는 전쟁 속에서도 살아남은 불굴의 대한민국이고, 우리의 고유문자, 우리의 고유언어, 우리의 고유문화를 보유한, 백범 김구선생이 꿈꾸었던 문화가 강한 나라가 되었고, 세계 어디 내어놓아도 뒤처지지 않을 우수한 민족, 우수한 국민들입니다.

 대한 국민들은 강합니다. 어떤 어려움도 극복해낼 수 있습니다.

"청년이 죽으면 민족이 죽는다." - 도산 안창호
"행동하지 않는 자의 양심은 악의 편" - 김대중
"슬픔도 노여움도 없이 살아가는 자는 대한민국을 사랑하고 있지 않다. - 네크라소프

"애국가" 제창
싸우자~!!! 싸우자~!!! 싸우자~~!!! 이기자~!!! 이기자~!!! 이기자~~!!!

3. 전한길 인터뷰 모음 (시민·청년·언론)

Ⅰ. 시민과 청년, 언론의 질문에 답하다

1부. 시민 인터뷰 – "왜 거리로 나오셨습니까?"

Q. 거리에서의 싸움, 쉽지 않으셨을 텐데 왜 시작하셨습니까?
A. 전한길:
"침묵은 공범입니다. 헌법이 무너지고 진실이 외면당하는데, 어떻게 침묵합니까? 저는 역사를 가르치던 사람이었습니다. 이제는 역사의 현장에서 싸우는 사람으로 나선 것입니다."

Q. 많은 이들이 냉소적입니다. 정말 변할 수 있을까요?
A. 전한길:
"냉소는 무력함을 감추는 또 다른 이름입니다. 저는 믿습니다. 3.1운동도, 4.19도, 6월 항쟁도 누군가의 절박한 외침으로 시작되었습니다. 지금 이 외침도 반드시 씨앗이 될 겁니다."

2부. 청년 인터뷰 – "우리 세대에게 어떤 책임이 있습니까?"

Q. 청년 세대에게 계속 '분노하라, 깨어나라'고 하시는데, 부담스럽습니다.
A. 전한길:

"부담스러울 수 있습니다. 그러나 진실을 외면한 대가는 여러분이 가장 크게 치르게 됩니다. 자유는 윗세대가 지켜주는 것이 아니라, 여러분이 직접 선택하고 싸워서 지켜야 합니다."

Q. 우리는 어떤 방식으로 참여할 수 있을까요?
A. 전한길:

"첫째, 진실을 아는 것이 중요합니다. 둘째, SNS와 언론의 거짓을 비판적으로 읽어야 합니다. 셋째, 행동하십시오. 기도회, 거리 집회, 강연 참석, 글쓰기… 각자의 위치에서 목소리를 내야 합니다."

Q. 대한민국의 미래, 아직 희망이 있다고 보십니까?

A. 전한길:

"청년이 희망입니다. 깨어 있는 청년 하나가 100만 명을 흔들 수 있습니다. 저는 강단에서, 거리에서, 청년 안에서 희망을 봅니다."

3부. 언론 인터뷰 – "이 싸움은 정치입니까, 신앙입니까?"

Q. 강연이나 집회에서 종교적 언급이 많습니다. 이 싸움은 정치입니까, 신앙입니까?

A. 전한길:

"정치는 현실을 바꾸는 도구일 뿐입니다. 저는 신앙으로 진실을 바라보고, 그 진실을 외치는 데 정치적 도구를 쓰는 것입니다. 이 싸움은 정의의 문제이며, 신앙인의 양심의 문제입니다."

Q. 선관위, 헌재, 사법부를 비판하셨습니다. 법적 책임도 우려되는데요?

A. 전한길:

"책임지겠습니다. 저는 법보다 앞선 양심과 진실을 말

하고 있습니다. 법이 진실을 가릴 수 없습니다. 역사는 결국 진실 편에 서게 되어 있습니다."

Q. SAVE KOREA 운동의 최종 목표는 무엇입니까?
A. 전한길:

"진실이 회복되고, 자유가 지켜지고, 신앙이 굳건한 대한민국. 헌법 위에 군림하려는 자들을 막아내고, 국민이 주권을 되찾는 나라. 그것이 SAVE KOREA입니다."

4부. 맺는말

"나는 유명해지고 싶지 않았습니다. 나는 단지, 침묵하는 역사의 방관자가 되기 싫었습니다. 이 외침은 나 하나의 외침이 아니라, 침묵 속에서 고통받는 모든 이들의 외침입니다." - 전한길 인터뷰 마지막 응답 중

Ⅱ. 시민, 청년, 언론이라는 세 가지 분류로 나누어 요약한 것입니다.

1. 시민 인터뷰(시민단체 및 광범위한 대중 대상)

전한길 강사의 시민 인터뷰는 주로 대한민국 사회의 당면 과제와 그 해결 방안에 대한 그의 생각을 엿볼 수 있습니다. 때로는 특정 정치적 사안에 대한 그의 견해가 강하게 드러나 논란이 되기도 합니다.

- 사회 문제에 대한 비판적 시각: 저출산·고령화, 청년층의 어려움, 사회적 갈등 심화, 교육 시스템의 문제점 등 대한민국이 직면한 여러 문제에 대해 날카로운 진단을 내립니다. 그는 이러한 문제의식을 단순히 비판하는 것을 넘어, 국민 개개인의 책임과 역할을 강조하며 주체적인 자세를 촉구합니다.
- 자유민주주의 수호 강조: 특정 정치적 이슈에 대해 적극적으로 목소리를 내며 자유민주주의의 가치를 지켜야 한다고 역설합니다. 때로는 그의 발언이 '극우적'이라는 평가를 받기도 하지만, 그는 "어디까지나 상식선에서 이야기하는 것"이라며 자신의 소신

을 굽히지 않습니다.
- 진실과 상식의 중요성: 사회 전반에 걸쳐 진실이 왜곡되거나 상식이 통하지 않는 상황에 대해 강하게 비판하며, 국민들이 진실을 바로 보고 상식적으로 판단해야 함을 강조합니다. 특정 언론이나 시민단체에 대해서도 '시민 없는 시민단체'라고 지적하며 그들의 태도를 비판하기도 합니다.

2. 청년 인터뷰(수험생 및 젊은 세대 대상)

전한길 강사는 자신의 주된 수강생인 청년층과의 인터뷰에서 삶의 태도, 역경 극복, 그리고 감사에 대한 메시지를 주로 전달합니다. 이는 힘든 수험 생활을 보내는 청년들에게 큰 위로와 동기 부여가 됩니다.

- 역경 극복과 긍정적 사고: "네 인생 절대 우습지 않다", "떨어져도 아직 전반전이다"와 같은 메시지를 통해 실패를 두려워하지 말고 끈기 있게 도전할 것을 독려합니다. 현재의 어려움이 영원한 것이 아니며, 긍정적인 마음으로 헤쳐나가면 기회가 올 것이라고 강조합니다.

- 감사의 중요성: "내가 평상시에 당연하다고 생각했던 것에 대해 감사하는 마음을 가지면 본인이 행복해진다"고 말하며, 일상 속 작은 것에도 감사하는 태도가 행복의 근원임을 역설합니다.
- 현실 직시와 노력: "삼포세대, 칠포세대"와 같이 힘든 현실을 인정하면서도, 주어진 운명을 저주하기보다는 스스로의 노력으로 삶을 개척해야 한다고 강조합니다. "정직하게 일한 만큼 정직한 결과를 기대해야 한다"는 신념을 드러냅니다.
- 기성세대의 책임과 청년 응원: 자신이 기성세대로서 청년들에게 미안함을 느끼며, 청년들의 미래를 위해 노력하겠다고 약속합니다. 또한, 힘든 상황에서도 꿈을 향해 나아가는 청년들에게 강력한 지지와 응원을 보냅니다.

3. 언론 인터뷰(주류 및 대안 언론 대상)

언론과의 인터뷰에서는 정치적 견해, 사회적 논란에 대한 입장, 그리고 자신의 신념과 향후 계획 등을 밝힙니다. 최근에는 특정 정당 입당과 관련하여 큰 주목을 받기도 했습니다.

- 정치적 소신 표명: 특정 정당 입당, 대통령 관련 이슈 등 민감한 정치적 사안에 대해 자신의 입장을 명확히 밝힙니다. 그는 언론의 편향성을 지적하며 '진실'을 알리는 것이 자신의 역할이라고 강조합니다.
- '전한길 뉴스' 운영과 언론관: 자신이 운영하는 유튜브 채널 '전한길 뉴스'를 통해 거짓말하지 않고 진실만을 전달하겠다는 언론관을 피력합니다. 기존 언론의 보도 방식에 대한 비판적인 시각도 드러냅니다.
- 정치 입문 가능성: 정치 참여에 대한 질문에 "정치 안 한다. 정치할 능력이 못 된다"고 단호하게 선을 긋지만, 자신의 영향력을 통해 대한민국의 미래에 기여하고 싶다는 의지를 밝힙니다.(최근 특정 정당에 당원으로 입당한 사실이 알려지면서 그의 행보에 대한 관심이 더욱 커지고 있습니다.)
- 사회주의 및 공산주의 반대: 경제적으로는 자유민주주의를 지지하며, 사회주의나 공산주의적 정책(예: 전국민에게 현금을 지급하는 정책)에 대해 근로 의욕 저하와 경제 침체를 야기할 수 있다며 반대 입장을 명확히 합니다.

전한길 강사의 인터뷰들은 그의 강한 소신과 직설적인 화법이 특징입니다. 이는 때로 논쟁을 불러일으키기도 하지만, 동시에 많은 대중에게 깊은 인상을 남기며 그의 영향력을 확대하는 요인이 되고 있습니다.

4. 전한길 활동 사진과 연설 순간 기록

A

부록 | 전한길 활동 사진과 연설 순간 기록

- "진실은 기록되고, 기록은 역사가 된다"

1. 여의도 국회의사당 앞, 2025년 1월 25일
- 사진: 검은 코트를 입은 전한길, 손에 마이크를 들고 군중을 향해 외치다.
- 캡션

"거짓에 분노하지 않는다면, 우리는 자유를 누릴 자격이 없다!"

- SAVE KOREA 첫 강연, 서울 여의도

2. 부산역 광장, 2025년 2월 1일
- 사진: 깃발을 든 시민들 사이, 성경을 펼쳐 들고 연설하는 전한길
- 캡션

"이 싸움은 정치가 아니라 진실의 문제이며, 신앙인의 양심의 문제입니다."
- 두 번째 SAVE KOREA 집회 현장

3. 금남로 광장, 광주, 2025년 2월 15일

- 사진: 비 오는 날, 우산을 들고 모인 시민들 앞에 서 있는 전한길
- 캡션

"5.18의 진실은 피로 쓰였고, 오늘 우리의 외침은 정의로 써야 한다!"
- 광주의 함성과 함께한 저항의 메시지

4. 동대구역 광장, 2025년 2월 22일

- 사진: 태극기를 든 노인과 청년이 전한길의 연설을 경청하는 장면
- 캡션

"세대는 갈라놓을 수 있어도, 진실은 우리를 다시 하나로 묶는다."
- 대구의 신앙시민들과 함께한 자유 연대

5. 대전시청 앞, 2025년 3월 1일

- 사진: 3.1절 기념 태극기 행진, 전한길이 선두에서 걸으며 외치는 모습
- 캡션

"1919년 3.1의 외침은 '대한독립만세!' 2025년 3.1의 외침은 '대한진실만세!'"

– 기념일에 부활한 민족정신

6. 강릉, 춘천 시민 기도회, 2025년 3월 10일

- 사진: 무릎 꿇고 기도하는 전한길, 시민들과 함께 찬송 부르는 장면
- 캡션

"내 외침보다 내 기도가 커야 한다. 나는 기도로 싸운다."

– 조용한 힘, 춘천의 새벽

7. SAVE KOREA 청년연대 출범식, 2025년 3월 20일

- 사진: 청년들과 함께 구호를 외치는 전한길, 청년 대표와 손을 맞잡다
- 캡션

"청년이 깨어나면, 민족은 다시 시작할 수 있다."

- 희망의 깃발을 들어올리다

8. 시민들과 함께한 거리행진과 기도 퍼포먼스
- 사진: "헌법 수호" 피켓, "SAVE KOREA" 머리띠, 전한길의 성경 들고 선창
- 캡션

"헌법 위에 권력이 서는 순간, 자유는 무너진다."
- 걷는 기도, 외치는 정의

기록자의 메모 | 활동 뒷이야기
- "강연 뒤에는 수많은 눈물의 악수가 있었다.

전한길은 늘 말했다. '나는 강사가 아니라, 시대의 증인이 되고 싶다.'

이 사진들은 단순한 집회의 장면이 아니라, 진실을 외치는 한 사람의 살아있는 역사였다." - 기록자 주

활용안내
- 이 부록은 전한길 활동의 생생한 기록으로, 시민교육 자료, 청년리더 교육자료, 자유민주주의 체험학습 자료로도 활용 가능.

- QR코드 삽입본으로 현장 영상/연설 음성 연동 가능
- 컬러판 부록집/슬라이드 북/디지털 앨범판 제작 가능
- 필요하시면 위의 사진 부록을 PPT 자료나 인디자인 출판물, SNS 카드뉴스 형식으로도 재구성해드릴 수 있습니다.

  또한 실제 활동 기록 사진을 제공해주시면, 구체적인 편집과 자막 삽입도 가능합니다. 원하시나요?

B
전한길 활동 사진과 연설 순간 기록

전한길 활동 사진과 연설 순간 기록

전한길 강사의 활동 사진과 연설 순간 기록에 관한 최신 정보를 종합하면 다음과 같습니다.

- 전한길 강사는 2025년 초까지 다양한 집회와 강연에서 활발히 활동했으며, 특히 3.1절 집회까지 참여하겠다고 밝힌 바 있습니다. 당시 여러 지역 집회를 다니며 자유민주주의 수호를 주장하는 모습이 여러 언론 기사와 방송에서 포착되었습니다. 그는 사설 경호원과 경찰의 신변보호도 받는 등 강경한 활동을 이어갔습니다.
- 2025년 5월에는 메가공무원 강사로서의 활동을 종료하고 강단에서 물러났다는 발표가 있었으나, '전한길 뉴스'를 통해 언론인 겸 활동가로서 계속 활동한다는 입장을 밝혔습니다. 이 시기에도 공개 행사 및 연설 장면이 여러 매체에 보도되어 그의 연설 순간들이 기록으로 남아 있습니다.
- 온라인에는 전한길 강사가 보수 진영 연설이나 집회에서 연설하는 모습, 인터뷰하는 영상들이 있으며, 유튜브 등 영상 플랫폼에서 그의 주요 연설 또는 인터뷰 장면을 확인할 수 있습니다. 다만, 일부

인터넷에서는 전한길 강사와 관련된 합성 사진(예: 트럼프 대통령 훈장 수여 장면)도 유포되어 있어 공식 사진과는 구분이 필요합니다.
- 구체적인 활동 사진이나 연설 동영상은 주요 뉴스 기사, 유튜브 채널(예: 공식 또는 팬 채널), 그리고 그가 운영하는 웹사이트나 SNS 계정을 통해 접할 수 있습니다. 대표적인 영상으로는 YTN 사이언스에서 소개한 성공 스토리 인터뷰 등이 있습니다.

요약하면, 전한길 강사의 활동 및 연설 장면은 2025년 초반까지 공개 집회와 방송, 언론 인터뷰 등을 통해 많이 기록되어 있으며, 이후 강단에서 은퇴하고 언론인으로 활동을 전환한 상태입니다. 활동 사진과 연설 기록은 뉴스 기사 및 온라인 영상 플랫폼에서 쉽게 확인 가능합니다. 다만, 온라인상에는 사실과 다른 합성 사진도 있으니 주의가 필요합니다.

관련

전한길 활동 사진을 공식 행사 또는 집회 현장에서 촬영된 모습으로 볼 수 있나요.

그의 연설 순간을 담은 영상이나 사진이 공개된 적이 있나요.

전한길이 주로 어떤 메시지를 전달하며 연설을 했는지 구체적 내용이 궁금해요.

활동 기록이 그의 정치적 입장이나 활동 종료와 어떤 연관이 있나요

앞으로 그의 활동과 연설 기록이 공개될 가능성은 어느 정도 예측되나요.

C

전한길 강사의 활동 사진과 연설 순간 기록입니다.

새 창에서 열기 product.kyobobook.co.kr

활동 사진

새 창에서 열기 product.kyobobook.co.kr

새 창에서 열기 v.daum.net

연설 순간 기록

새 창에서 열기 www.moneys.co.kr

새 창에서 열기 www.moneys.co.kr

새 창에서 열기 www.snakorea.com

5. 전한길의 윤석열 대통령 계승

"자유의 약속을 이어, 정의의 책임을 더하다"

1. 계승의 출발점: 윤석열 대통령의 자유주의 선언
"자유는 헌법 정신의 핵심이며, 우리가 지켜야 할 최후의 보루입니다." - 윤석열 대통령 취임사 중

- 윤 대통령은 2022년 취임 당시 "자유"를 핵심 국정가치로 내세움.
- 이는 문재인 정부 시기 위축되었던 자유민주주의, 법치주의 회복에 대한 기대감을 자아냄.
- 전한길은 당시 그 점에 주목하며 "자유의 약속을 한 대통령"이라고 평가함.

2. 비판적 계승: 약속은 시작이었을 뿐이다
"자유를 외쳤지만, 자유를 지키지 못했다. 나는 그 약속을 기억하고, 대신 책임지려 나섰다."

– 전한길, 2025년 부산 SAVE KOREA 강연 중

- 윤 대통령이 외친 자유는 선언에 머물렀고, 실천적 투쟁이 부족했다는 전한길의 비판.
- 전한길은 자유의 선언자 윤석열을 넘어 자유의 실천자, 헌법의 수호자를 자처함.

3. 전한길의 계승 선언: 나는 자유의 약속을 지킨다

"나는 윤 대통령이 꺼낸 자유의 불씨를, 헌법과 신앙의 불꽃으로 키우겠다." – 전한길 단편집 메모 중

- 전한길은 윤석열 대통령이 자유민주주의 회복의 문을 연 인물로 평가함.
- 그러나 그 문을 통과하고 시민과 함께 걷는 실천의 길은 내가 이어가야 할 몫이라 말함.
- 이는 비판과 단절이 아닌, 비판 속의 계승, 책임 있는 이어받음의 자세임.

4. 계승의 구체: 법치, 반공, 헌법 수호의 정신

가치	윤석열 대통령	전한길의 계승
자유민주주의	선언 중심	실천 중심
법치주의	검찰 개혁 저지	사법 타락 고발
반공 의식	대북 안보 강조	이념 혼란에 대한 시민교육 강조
헌법 수호	취임사/선언	거리연설/시민행동
신앙과 윤리	제한적 언급	신앙에 입각한 행동주의 강조

5. 선언을 넘은 계승, 책임을 더한 실천

"윤석열 대통령이 자유를 외쳤다면, 나는 그 자유를 거리에서 지켜내려 한다. 나는 윤 대통령의 실망한 국민이기 이전에, 그가 놓친 책임을 대신 지려는 시민이다.
  이것이 진정한 계승이며, 자유의 길이다."
  – 전한길 선언문 중

전한길은 윤석열 대통령의 자유주의 선언을 기억하면서, 그 선언이 이루지 못한 이상을 시민과 신앙의 힘으로 실현하려는 시대의 계승자입니다.

6. 전한길 강사의 윤석열 전 대통령 계승

전한길 강사는 윤석열 전 대통령에 대해 지속해서 강한 지지 의사를 표명해 왔으며, 2025년 4월 헌법재판소의 탄핵 인용 결정에 대해서도 "계속 윤 전 대통령을 지지하겠다"고 밝혔습니다. 그는 이 판결이 정치적 성향에 따른 결정이라고 비판하며, 국민적 지지율이 높음에도 탄핵이 이루어진 데 대해 반발하는 입장입니다.

또한, 전한길 강사는 2025년 6월 국민의힘에 입당해

당내에서 윤석열 대통령을 지지하는 후보가 당 대표가 되도록 영향력을 행사하고자 하는 의지를 보이고 있습니다. 전당대회에서 윤 대통령을 지지하는 후보가 없다면 자신이 직접 당 대표 선거에 출마할 의향도 밝혔습니다. 이는 보수 우파 세력 내부에서 당의 주도권을 확보하려는 움직임으로 해석됩니다.

이와 관련해 당내에서는 전한길 씨의 입당 및 행보에 대해 논란과 우려가 있는 상태이며, 국민의힘 측은 그의 언행에 대한 확인과 당헌·당규에 따른 조치 방안을 검토 중입니다.

요약하자면, 전한길은 윤석열 대통령의 정치적 계승자이자 지지자로 활동하며, 국민의힘 내에서 윤석열 지지 후보를 당 지도부에 세우기 위해 영향력을 행사하고 직접 당 대표 후보로 출마할 가능성도 내비치고 있습니다. 이는 2025년 보수 정치권에서 두드러진 활동 중 하나입니다.

가) 전한길 강사의 윤석열 대통령 계승 관련 발언 분석
- 전한길 강사는 과거 교육자로서의 영역을 넘어, 사

회 현안과 정치적 사안에 대해 적극적으로 자신의 목소리를 내고 있습니다. 특히, 윤석열 대통령과 관련하여 여러 차례 공개적인 지지 및 옹호 발언을 하면서 그의 행보가 주목받고 있습니다.

- 전한길 강사가 '윤석열 대통령 계승'이라는 직접적인 표현을 사용했는지 여부는 확인이 필요하지만, 그의 전반적인 발언과 태도를 통해 윤석열 대통령의 국정 운영 방향이나 정치 철학에 대한 공감대가 형성되어 있음을 엿볼 수 있습니다.

나) 주요 발언과 관점

- 전한길 강사는 윤석열 대통령을 지지하는 맥락에서 다음과 같은 점들을 강조해왔습니다.
- 자유민주주의 수호: 그는 윤석열 대통령이 자유민주주의와 시장경제의 가치를 수호하려는 의지를 가지고 있다고 평가하며, 이에 대한 지지를 표명했습니다. 특히, 특정 이념에 경도된 세력이나 정책에 대한 비판적 시각을 드러내면서 윤 대통령의 보수적 가치를 옹호하는 모습을 보였습니다.
- 법치주의 강조: 윤석열 대통령의 주요 국정 기조 중

하나인 법치주의 원칙에 대한 전한길 강사의 공감대가 큽니다. 그는 법과 원칙이 바로 서야 사회가 건강하게 유지될 수 있다고 주장하며, 이에 기반한 윤 대통령의 정책 방향을 지지했습니다.

- 비판적 언론 및 세력에 대한 대응: 전한길 강사는 윤석열 대통령에 대한 일부 언론의 편향된 보도나 비판 세력의 공격에 대해 강하게 반박하며 윤 대통령을 옹호하는 모습을 자주 보였습니다. 그는 이러한 비판이 '진실'을 왜곡한다고 주장하며, 자신은 '팩트'에 기반하여 판단한다고 강조했습니다.
- 국민 개개인의 역할 강조: 윤석열 대통령의 국정 운영에 대한 지지를 표명하면서도, 전한길 강사는 단순히 정부의 역할만을 강조하지 않고 국민 개개인이 올바른 판단을 하고 주체적으로 행동해야 함을 역설했습니다. 이는 그의 평소 교육 철학인 '스스로 생각하고 행동하라'와도 일맥상통하는 부분입니다.

다) '계승'의 의미와 해석
- 전한길 강사가 '계승'이라는 단어를 직접적으로 사용하지 않았다 하더라도, 그의 발언들을 종합해 볼

때 윤석열 대통령의 국정 철학과 방향성에 대한 강한 지지와 동조를 의미하는 것으로 해석할 수 있습니다. 이는 단순히 특정 인물을 지지하는 것을 넘어, 대한민국이 나아가야 할 방향에 대한 그의 정치적 소신이 반영된 결과로 볼 수 있습니다.

- 그의 이러한 발언들은 정치적 스펙트럼에 따라 다양한 반응을 불러일으키고 있으며, '교육자로서 정치적 중립성을 지켜야 한다'는 비판과 '개인의 소신을 밝히는 것은 당연하다'는 옹호론이 엇갈리고 있습니다.
- 전한길 강사의 윤석열 대통령 관련 발언들은 그의 사회적 영향력이 커지면서 더욱 주목받고 있으며, 이는 그의 팬덤뿐만 아니라 일반 대중에게도 다양한 시사점을 제공하고 있습니다.

7. 비교 칼럼: "윤석열 자유주의 vs 전한길 실천주의"

구분	윤석열 자유주의	전한길 실천주의
정체성	자유주의자, 법치주의 수호자	실천주의자, 시민행동가

이념 기반	고전적 자유주의 반공 우파 헌법적 질서 중시	홍익인간 사상 실천적 정의 국민 참여형 정치
주요 가치	자유, 시장, 법치, 반독재	정의, 참여, 행동, 공동체 책임
정치 방식	제도 중심의 통치 검찰 중심 개혁	거리 연설 현장 행동 시민 직접 소통
국민과의 관계	권한 위임형 리더십(엘리트 대리)	참여 유도형 리더십(시민 주체)
대표 어록	"자유는 공짜가 아니다"	"행동하지 않는 진실은 힘을 잃는다"
시대 인식	대한민국의 자유 수호가 최우선	대한민국의 정의 회복과 국민 각성이 핵심
청년관	청년에게 자율성과 책임 요구	청년에게 사명과 역할 강조, 교육과 조직화
시민운동 평가	비판적(갈등 유발 가능성 강조)	긍정적(시민 각성의 도구로 활용)
탄핵 이슈 입장	중립 유지 헌정 질서 수호 강조	공개 반대 헌재 편향 지적 거리 연설 주도

리더십 스타일	무게감 있는 묵직한 스타일	유쾌하고 직설적인 행동가형
국가 미래상	자유·시장 중심 선진국 모델	홍익인간 가치 중심 공동체적 번영

- 윤석열: 자유와 법치를 중심으로 한 "정치적 안정" 추구
- 전한길: 실천과 시민행동을 중심으로 한 "정치적 각성" 촉구
- 두 사람은 같은 "보수 진영"에서 자유대한민국 수호를 상호 보완적으로 반드시 필요한 이 시대의 리드로 판단된다.

8. 비교: 윤석열 취임사 vs 전한길 거리연설(연설문 발췌 중심)

구분	윤석열 대통령 취임사 (2022.5.10)	전한길 거리연설 (2025.1.25 여의도)
형식	대통령 공식 취임사 헌정 연설	시민집회 즉석 연설 / 자유발언

주제어	자유, 연대, 번영, 도약, 과학기술	정의, 각성, 행동, 탄핵, 국민
발췌 ①	"자유는 보편적 가치입니다. 자유는 번영의 기반입니다."	"진실을 외면하는 자들이 권력을 잡고 있습니다! 우리는 행동해야 합니다!"
발췌 ②	"국민이 진정한 주인인 나라를 만들겠습니다."	"이 나라의 주인은 시민입니다. 거리로 나온 우리가 대한민국의 헌법입니다!"
발췌 ③	"세계 시민과 연대하며 평화를 추구하겠습니다."	"헌재는 깨어 있는 국민의 분노를 보라! 위헌을 위헌이라 말하지 못하면, 그건 나라가 아닙니다!"
리더십 태도	안정과 조율 강조, 글로벌 외교적 화법	분노와 정의감 강조, 대중 직접 호소
언어 스타일	문어체, 외교적 언어, 상징적	구어체, 직설적 언어, 투쟁적

시민 대상	"우리 모두 함께 갑시다" (협조 호소)	"당신이 역사의 주인입니다!" (행동 촉구)
메시지 핵심	자유와 번영을 위한 제도 개혁	정의 회복을 위한 시민행동과 각성
국가관	글로벌 자유주의 질서의 일원	헌법 가치 수호의 실천 공동체

- 윤석열: 질서·자유·번영 중심의 제도적 자유주의
- 전한길: 행동·정의·국민 중심의 참여적 실천주의
- 두 분 다 자유대한민국의 자유, 헌법 수호와 번영을 위해 방향과 정책 수립에 따라 현장에서 실천하고 실현하는 데 반드시 필요한 분으로 판단된다.

〈윤석열 대통령의 연설문 또는 메시지〉

1. 비상계엄령 선포문

다음은 비상계엄 선포 선언문 전문.

> 존경하는 국민 여러분.
> 저는 대통령으로서 피를 토하는 심정으로 국민 여러분께 호소드립니다.
> 지금까지 국회는 우리 정부 출범 이후 22건의 정부 관료 탄핵 소추를 발의했으며, 지난 6월 22대 국회 출범 이후에도 10명째 탄핵을 추진 중에 있습니다.
> 이것은 세계 어느 나라에도 유례없을 뿐 아니라 우리나라 건국 이후에 전혀 유례없던 상황입니다.
> 판사를 겁박하고 다수의 검사를 탄핵하는 등 사법 업무를 마비시키고 행안부 장관 탄핵, 방통위원장 탄핵, 감사원장 탄핵, 국방장관 탄핵 시도 등으로 행정부마저 마비시키고 있습니다.
> 국가 예산 처리도 국가 본질 기능과 마약 범죄 단속, 민생 치안 유지를 위한 모든 주요 예산을 전액 삭감해 국가 본질 기능을 훼손하고 대한민국을 마약 천국, 민생 치안 공황 상태로 만들었습니다.
> 민주당은 내년도 예산에서 재해 대책 예비비 1조 원, 아이 돌봄 지원 수당 384억 원, 청년 일자리, 심해 가스전 개발 사

업 등 4조 1000억 원을 삭감했습니다.

심지어 군 초급간부 봉급과 수당 인상, 당직 근무비 인상 등 군 간부 처우 개선비조차 제동을 걸었습니다.

이러한 예산 폭거는 한마디로 대한민국 국가 재정을 농락하는 것입니다.

예산까지도 오로지 정쟁의 수단으로 이용하는 이런 민주당의 입법 독재는 예산 탄핵까지도 서슴지 않았습니다.

국정은 마비되고 국민의 한숨은 늘어나고 있습니다.

이는 자유 대한민국의 헌정 질서를 짓밟고 헌법과 법에 의해 세워진 정당한 국가 기관을 교란시키는 것으로서 내란을 획책하는 명백한 반국가 행위입니다.

국민의 삶은 안중에도 없고 오로지 탄핵과 특검, 야당 대표의 방탄으로 국정이 마비 상태에 있습니다.

지금 우리 국회는 범죄자 집단의 소굴이 됐고, 입법 독재를 통해 국가의 사법·행정 시스템을 마비시키고 자유 민주주의 체제의 전복을 기도하고 있습니다.

자유 민주주의의 기반이 돼야 할 국회가 자유민주주의 체제를 붕괴시키는 괴물이 된 것입니다.

지금 대한민국은 당장 무너져도 이상하지 않을 정도의 풍전등화의 운명에 처해 있습니다.

친애하는 국민 여러분.

저는 북한 공산세력의 위협으로부터 자유 대한민국을 수호하고 우리 국민의 자유와 행복 약탈하고 있는 파렴치한 종북 반국가세력들을 일거에 척결하고 자유 헌정 질서를 지키기 위해 비상계엄을 선포합니다.

저는 이 비상계엄을 통해 망국의 나락으로 떨어지는 자유 대한민국을 재건하고 지켜낼 것입니다.

이를 위해 저는 지금까지 패악질을 일삼은 망국의 원흉, 반국가세력을 반드시 척결하겠습니다.

이는 체제 전복을 노리는 반국가세력의 준동으로부터 국민의 자유와 안전, 그리고 국가 지속가능성을 보장하며, 미래세대에게 제대로 된 나라를 물려주기 위한 불가피한 조치입니다.

저는 가능한 한 빠른 시간 내에 반국가 세력을 척결하고 국가를 정상화시키겠습니다.

계엄 선포로 인해 자유 대한민국 헌법 가치를 믿고 따라주신 선량한 국민께 다수 불편 있겠습니다만 이러한 불편을 최소화하는 데 주력할 것입니다.

이와 같은 조치는 자유 대한민국의 영속성을 위해 부득이한 것이며 대한민국이 국제사회에서 책임과 기여를 다한다는 대외 정책 기조에는 아무런 변함이 없습니다.

대통령으로서 국민 여러분께 간곡히 호소드립니다.

저는 오로지 국민 여러분만 믿고 신명을 바쳐 자유 대한민국을 지켜 낼 것입니다.

저를 믿어주십시오.

감사합니다.

2. 취임사

존경하고 사랑하는 국민 여러분, 750만 재외동포 여러분, 그리고 자유를 사랑하는 세계 시민 여러분! 저는 이 나라를 자유민주주의와 시장경제 체제를 기반으로 국민이 진정한 주인인 나라로 재건하고, 국제사회에서 책임과 역할을 다하는 나라로 만들어야 하 는 시대적 소명을 갖고 오늘 이 자리에 섰습니다. 역사적인 자리에 함께해 주신 국민 여러분께 감사드립니다. 문재인, 박근혜 전 대통령, 그리고 할리마 야콥 싱가포르 대통령, 포스탱 아르샹쥬 투아데라 중앙아프리카공화국 대통령, 왕치산 중국 국가부주석, 메가와티 수카르노푸트리 인도네시아 전 대통령, 더글러스 엠 호프 해리스 미국 부통령 부군, 조지 퓨리 캐나다 상원의장, 하야시 요시마사 일본 외무상을 비롯한 세계 각국의 경축 사절과 내외 귀빈 여러분께도 깊이 감사 드립니다. 이 자리를 빌려 지난 2년간 팬데믹을 극복하는 과정에서 큰 고통을 감내해 주신 국민 여러분께 경의를 표합니다. 그리고 헌신해 주신 의료진 여러분께도 깊이 감사드립니다. 존경하는 국민 여러분, 세계 시민 여러분! 지금 전 세계는 팬데믹 위기, 교역 질서의 변화와 공급망의 재편, 기후변화, 식량과 에너지 위기, 분쟁의 평화적 해결의 후퇴 등 어느 한 나라가 독자적으로, 제20대 대통령 취임식 또는 몇몇 나라만 참여해 해결하기 어려운 난제들에 직면해 있습니다. 다양한 위기가 복합적으로 인류 사회에 어두운 그림자를 드리우고 있는 것입니다. 또한 우리나라를 비롯한 많은 나라들에서 국내적으로 초저성장과 대규모 실업, 양극화의 심화와 다양한 사회적 갈등으로 인해 공동체의 결속력이 흔들리고 와해되고 있습니다. 한편 이러한 문제들을 해결해야 하는 정치는 이른바 민주주의의 위기로 인해 제 기능을 하지 못하고 있습니다. 가장 큰 원인으로 지목되는 것이 바로 반지성주의입니다. 견해가 다른 사람들이 서로의 입장을 조정하고 타협하기 위해서는 과학과 진실이 전제되어야 합니다. 그것이 민주주의를 지탱하는 합리주의와 지성주의입니다. 국가 간, 국가 내부의 지나친 집단적 갈등에 의해 진실이 왜곡 되고, 각자가 보고 듣고 싶은 사실만을 선택하거나 다수의 힘으로 상대의 의견을 억압하는 반지성주의가 민주주의를 위기에 빠뜨리고 민주주의에 대한 믿음을 해치고 있습니다. 이러한 상황이 우리가 처해 있는 문제의 해결을 더 어렵게 만들고 있습니다. 그러나 우리는 할 수 있습니다. 역사를 돌이켜 보면 우리 국민은 많은 위기에 처했지만, 그럴 때마다 국민 모두 힘을 합쳐 지혜롭게, 또 용기 있게 극복해 왔습니다. 저는 이 순간 이러한 위기를 극복하는 책임을 부여받게 된 것을 감사한 마음으로 받아들이고, 우리 위대한 국민과 함께 당당하게 헤쳐나갈 수 있다고 확신합니다. 또 세계 시민과 힘을 합쳐 국내외적인 위기와 난제들을 해결해 나갈 수 있다고 믿습니다. 존경하는 국민 여러분, 세계 시민 여러분! 저는 이 어려움을 해결해 나가기 위해 우리가 보편적 가치를 공유하는 것이 매우 중요하다고 생각합니다. 그것은 바로 '자유'입니다. 우리는 자유의 가치를 2022년 5

월 제20대 대통령 취임식(2022. 5. 10.) 제20대 대통령 취임식 제대로, 그리고 정확하게 인식해야 합니다. 자유의 가치를 재발견해야 합니다. 인류 역사를 돌이켜보면 자유로운 정치적 권리, 자유로운 시장이 숨 쉬고 있던 곳에는 언제나 번영과 풍요가 꽃피었습니다. 번영과 풍요, 경제적 성장은 바로 자유의 확대입니다. 자유는 보편적 가치입니다. 우리 사회 모든 구성원이 자유시민이 되어야 하는 것입니다. 어떤 개인의 자유가 침해되는 것이 방치된다면 나와 우리 공동체 구성원의 자유가 위협받게 되는 것입니다. 자유는 결코 승자독식이 아닙니다. 자유시민이 되기 위해서는 일정한 수준의 경제적 기초, 그리고 공정한 교육과 문화의 접근 기회가 보장되어야 합니다. 이런 것 없이 자유시민이라고 할 수 없습니다. 어떤 사람의 자유가 유린되거나 자유시민이 되는 데 필요한 조건을 충족하지 못한다면 모든 자유시민은 연대해 도와야 합니다. 그리고 개별 국가뿐 아니라 국제적으로도 기아와 빈곤, 공권력 과 군사력에 의한 불법 행위로 개인의 자유가 침해되고 자유시민으로서의 존엄한 삶이 유지되지 않는다면 모든 세계 시민이 자유시민으로서 연대하여 도와야 하는 것입니다. 모두가 자유시민이 되기 위해서는 공정한 규칙을 지켜야 하고, 연대와 박애의 정신을 가져야 합니다. 존경하는 국민 여러분! 국내 문제로 눈을 돌려 제가 중요하게 생각하는 방향에 대해 한 말씀 올리겠 습니다. 우리나라는 지나친 양극화와 사회 갈등이 자유와 민주주의를 위협할 뿐 아니라 사회 발전의 발목을 잡고 있습니다. 저는 이 문제를 도약과 빠른 성장을 이룩하지 않고는 해결하기 어렵다고 생각합니다. 빠른 성장 과정에서 많은 국민이 새로운 기회를 찾을 수 있고, 사회 이동성을 제고함으로써 양극화와 갈등의 근원을 제거할 수 있습니다. 도약과 빠른 성장은 오로지 과학과 기술, 그리고 혁신에 의해서만 이뤄낼 수 있는 것입니다. 과학과 기술, 그리고 혁신은 우리의 2022년 5월 자유민주주의를 지키고 우리의 자유를 확대하며 우리의 존엄한 삶을 지속 가능 하게 할 것입니다. 과학과 기술, 그리고 혁신은 우리나라 혼자만의 노력으로는 달성하기 어렵습니다. 자유와 창의를 존중함으로써 과학기술의 진보와 혁신을 이뤄낸 많은 나라들과 협력하고 연대해야만 합니다. 존경하는 국민 여러분, 세계 시민 여러분! 자유민주주의는 평화를 만들어내고 평화는 자유를 지켜줍니다. 그리고 평화는 자유와 인권의 가치를 존중하는 국제사회와의 연대에 의해 보장됩니다. 일시적으로 전쟁을 회피하는 취약한 평화가 아니라 자유와 번영을 꽃피우는 지속가능한 평화를 추구해야 합니다. 지금 전 세계 어떤 곳도 자유와 평화에 대한 위협에서 자유롭지 못합니다. 지금 한반도와 동북아의 평화도 마찬가지입니다. 저는 한반도뿐 아니라 아시아와 세계의 평화를 위협하는 북한의 핵개발에 대해서도 평화적 해결을 위해 대화의 문을 열어놓겠습니다. 그리고 북한이 핵개발을 중단하고 실질적인 비핵화로 전환한다면, 국제사회와 협력하여 북한 경제와 북한 주민의 삶을 획기적으로 개선할 수 있는 담대한 계획을 준비하겠습니다. 북한의 비핵화는 한반도에 지속가능한 평화를 가져올

뿐 아니라 아시아와 전 세계의 평화와 번영에도 크게 기여할 것입니다. 사랑하고 존경하는 국민 여러분! 지금 우리는 세계 10위권의 경제대국 그룹에 들어가 있습니다. 그러므로 우리는 자유와 인권의 가치에 기반한 보편적 국제규범을 적극 지지하고 수호하는 데 글로벌 리더 국가로서의 자세를 가져야 합니다. 우리나라뿐 아니라 세계 시민 모두의 자유와 인권을 지키고 확대하는 데 더욱 주도적인 역할을 해야 합니다. 지금 국제사회도 대한민국에 더욱더 큰 역할을 기대하고 있음이 분명합니다. 지금 제20대 대통령 취임식 우리나라는 국내 문제와 국제 문제를 분리할 수 없습니다. 국제사회가 우리에게 기대하는 역할을 주도적으로 수행할 때 국내 문제도 올바른 해결 방향을 찾을 수 있는 것입니다. 저는 자유, 인권, 공정, 연대의 가치를 기반으로 국민이 진정한 주인인 나라, 국제사회에서 책임을 다하고 존경받는 나라를 위대한 국민 여러분과 함께 반드시 만들어 나가겠습니다. 감사합니다.

3. 미국의회 연설문

윤석열 한국 대통령 미 의회 상하원 합동연설 전문(한글)

존경하는 하원의장님, 부통령님, 상하원 의원 여러분과 내외귀빈 여러분, 미국 시민 여러분, "자류 속에 잉태된 나라, 인간은 모두 평등하게 창조되었다는 신념에 의해 세워진 나라." 저는 지금 자유에 대한 확신, 동맹에 대한 신뢰, 새로운 미래를 열고자 하는 결의를 갖고 미국 국민 앞에 서 있습니다

미 의회는 234년 동안 자유와 민주주의의 상징이었습니다. 헌법 정신을 구현하고 있는 바로 이 곳에서 의원 여러분과 미국 국민 앞에 연설하게 되어 매우 기쁘게 생각합니다. 특히, '한미동맹 70주년 결의'를 채택하여 이번 저의 방문의 의미를 더욱 빛내주신 민주당과 공화당 양당 의원 여러분께도 깊은 감사의 말씀을 드립니다

여러분께서 어떤 진영에 계시든 간에, 저는 여러분이 대한민국 편에 서 계신다는 사실을 잘 알고 있습니다. 지난 세기 동안 미국은 자유를 위협하는 도전에 맞서 이를 수호하는데 앞장 섰습니다. 제국주의 세력 간의 식민지 쟁탈전이 격화되면서 인류는 두 차례의 참혹한 대전을 겪었습니다.

미국은 자유를 지키기 위한 정의로운 개입을 택했습니다. 이로 인해 미국이 치른 희생은 적지 않았습니다. 맥아더 장군과 니미츠 제독이 활약한 태평양 전쟁에서만 10만 명이 넘는 미국 국민이 전사했습니다.

그러나 이들의 희생은 헛되지 않았습니다. 전후 세계 자유무역 질서를 구축한 미국의 글로벌 리더십은 세계 곳곳에서 평화와 번영을 일구었습니다. 하지만 자유시장을 허용하지 않는 공산 전체주의 세력이 참여하지 않는 자유시장의 번영이었습니다.

1950년 한반도는 자유주의와 공산 전체주의가 충돌하는 최전선이었습니다. 소련의 사주를 받은 북한의 기습침략으

로 한반도와 아시아의 평화가 위기에 빠졌습니다. 한반도에서 자유민주주의가 사라질 뻔한 절체절명의 순간, 미국은 이를 외면하지 않았습니다.

한국과 미국은 용감히 싸웠고 치열한 전투가 이어졌습니다. 전쟁의 포화 속에서 영웅들의 이야기가 탄생했습니다. 맥아더 장군은 허를 찌르는 인천상륙작전으로 불리한 전황을 일거에 뒤집었습니다. 인천상륙작전은 세계 전사에 기록될 만한 명장의 결정이었습니다. 미 해병대 1사단은 장진호 전투에서 중공군 12만명의 인해 전술을 돌파하는 기적같은 성과를 거두었습니다.

'전혀 알지 못하는 나라의 한 번도 만난 적 없는 국민'을 지키기 위해 미국이 치른 희생은 매우 컸습니다. 장진호 전투에서 미국 4500명이 전사했고, 6.25전쟁에서 미군 약 3만 7000명이 전사했습니다. 원주 324 고지전에 참전해 오른팔과 다리를 잃은 고 윌리엄 웨버 대령은 한국전 참전용사의 숭고한 희생을 기리는 활동에 여생을 바쳤습니다.

오늘 이 자리에 웨버 대령의 손녀 데인 웨버씨를 모셨습니다. 어디 계신지 일어나주시겠습니까? 대한민국 국민을 대표해 깊은 감사와 무한한 경의를 표합니다.

윤석열 한국 대통령이 27일 미 의회 상하원 합동회의 연설 중 미군 한국전 참전용사 윌리엄 웨버 대령의 손녀 데인 웨버 양을 소개했다.

　여기 계신 의원 여러분들의 가족과 친구들 중에서도 한국전 참전용사 영웅들이 계실 것입니다. 한국전쟁 참전 용사로 바로 이곳 의회에서 자유와 민주주의를 위해 헌신하신 고 존 코니어스 의원님, 고 샘 존슨 의원님, 고 하워드 코블 의원님, 그리고 지금도 한미동맹의 열렬한 후원자이신 찰스 랭글 전 의원님. 대한민국은 우리와 함께 자유를 지켜낸 미국의 위대한 영웅들을 영원히 기억하겠습니다.

　오늘 이 자리를 빌려 한국전쟁 참전용사들과 자식과 남편, 그리고 형제를 태평양 너머 한번도 가본 적이 없는 나라의 자유를 지키기 위해 기꺼이 보내준 미국의 어머니들, 그리고 한국전쟁을 자랑스러운 유산으로 여기고 참전 용사들을 명예롭게 예우하는 미국 정부와 국민에게 깊은 경의를 표합니다.

　3년간의 치열했던 전투가 끝나고 한미 양국은 1953년 한미 상호방위조약을 체결하면서 새로운 동맹의 시대를 열었습니다. 전쟁의 참혹한 상처와 폐허를 극복하고 번영하는 오늘의 대한민국이 있기까지 미국은 우리와 줄곧 함께했습니다. 올해로 70주년을 맞이한 한미동맹을 축하해야 할 이유는 너무나 많습니다.

처음부터 성공한다는 보장은 없었습니다. 하지만 오늘날 우리의 동맹은 어느 때보다 강력하며, 함께 번영해 나가고 있습니다. 그리고 우리 두 나라는 그 누구보다도 서로 긴밀하게 연결되어 있습니다. 한미 동맹은 대한민국의 자유와 평화를 지키고 번영을 일구어 온 중심축이었습니다. 현대 세계사에서 '도움을 받는 나라가 도움을 주는 나라'로 발돋움한 유일한 사례인 대한민국은 한미동맹의 성공 그 자체입니다.

저는 오늘 이 자리에서 1882년 수교에서 시작된 140년 한미 양국의 교류와 협력, 그리고 동맹의 역사를 되새겨 보고자 합니다. 대한민국 헌법의 기초가 된 자유와 연대의 가치는 19세기 말 미국 선교사들의 노력에 의해 우리에게 널리 소개됐습니다. 그리고 그후 우리 국민의 독립과 건국 운동에 큰 영향을 미쳤습니다. 19세기 말 한국에서 온 호러스 언더우드, 헨리 아펜젤러, 메리 스크랜튼, 로제타 홀 등 미국의 선교사들은 학교와 병원을 지었습니다.

특히 이들은 여성 교육에 힘썼고, 그 결과 한국 역사상 최초로 여성들이 교육, 언론, 의료 등 다양한 분야의 사회 활동에 진출하는 기반을 닦아 주었습니다. 1960년대 초반에 박정희 대통령은 현명하게도 케네디 행정부가 권고한 로스토우(Walt Rostow) 교수의 경제성장 모델을 받아들여 경제개발 계획을 추진하고 신흥 산업 국가의 기반을 마련했습니다. '한강의 기적'으로 불릴 만큼 한국의 경제성장 속도는 타의 추종을 불허했습니다. 1인당 소득 67불의 전후 최빈국이었던 대한민국은 세계 10위권의 경제 대국으로 성장했습니다. 전쟁으로 잿더미가 되었던 수도 서울은 70년이 지난 지금 세계에서 가장 활기찬 디지털 국제도시가 되었습니다. 전쟁 중 피난민이 넘쳤던 부산은 환적 물량 기준 세계 2위의 항만 도시가 되었고, 이제 20·30년 세계박람회 유치를 위해 뛰고 있습니다. 대한민국은 이제 자유와 민주주의가 살아 숨 쉬는 활력 넘치는 나라로 세계 시민의 사랑을 받고 있습니다. 한미 양국은 한반도를 넘어 전 세계의 자유와 민주주의 수호를 위해 힘을 모아왔습니다. 대한민국은 2차 대전 후 아프간, 이라크 등지에 '자유의 전사'를 파견하여 미국과 함께 싸웠습니다. 지난 70년간 동맹의 역사에서 한미 양국은 군사 안보 협력뿐 아니

> 라 경제 협력도 지속적으로 확대해 왔습니다. 초기의 일방적인 지원에서 상호 호혜적인 협력관계로 발전해 온 것입니다.

미국을 국빈 방문한 윤석열 한국 대통령이 27일 미 의회 상하원 합동회의에서 연설했다. 한국 대통령의 합동회의 연설은 박근혜 대통령 이후 10년 만이다.

2011년 미 의회의 전폭적인 지지로 통과된 한미 FTA가 가동된 이후 10년간 양국 교역액은 약 68% 증가했고, 우리 기업의 대미 투자는 3배, 미국 기업의 대한국 투자는 2배 가까이 늘었습니다. 배터리, 반도체, 자동차 등의 분야에서 미국에 진출한 글로벌 한국 기업들은 미국 내 양질의 일자리 창출과 경제 활성화에 기여하고 있습니다. 텍사스주 오스틴에 위치한 삼성전자 반도체 공장은 2020년 기준 약 1만 개의 일자리를 창출했으며, 2024년 하반기부터 가동될 조지아주 브라이언 카우티 현대차 공장도 연간 30만 대의 전기차와 수많은 일자리를 만들어 낼 것입니다. 지난해 11월 바이든 대통령께서 방문한 미시간주 베이시티 SK실트론 CSS는 한국 기업이 미국 회사를 인수해 성장시키는 또 다른 모범 협력 사례입니다. 이러한 호혜적 한미 경제 협력이 곳곳에서 이어질 수 있도록 의원 여러분들의 각별한 관심과 지원을 부탁드립니다.

친구 여러분, 정치와 경제 분야의 협력을 통해 축적된 양국의 활발한 문화 인적 교류는 두 나라의 우정을 보다 두텁게 했습니다. 올해는 미주 한인 이주 120주년이기도 합니다. 하와이주 사탕수수 농장의 노동자로 진출하기 시작한 한인들은 그동안 미국 사회 각계에 진출해 한미 우호 협력을 증진하고 동맹의 역사를 만들어 가는데 큰 역할을 했습니다. 바로 이 자리에 계신 영 킴 의원님, 앤디 킴 의원팀, 미셸 스틸 의원님, 그리고 메릴린 스트릭랜드 의원님 같은 분들이 세대를 이어 온 한미동맹의 증인들이십니다.

문화 콘텐츠는 양국 국민이 국적과 언어의 차이를 넘어 더욱 깊은 이해와 우정을 쌓은 촉매제가 되고 있습니다. 한국 영화 '기생충'과 '미나리'가 아카데미 수상을 하고, '탑건', '어벤져스'와 같은 수많은 헐리우드 영화가 이미 오래전부터 한국에서 엄청난 사랑을 받아 왔습니다. 그리고 제 이름은 모르셨어도 BTS와 블랙핑크는 알고 계셨을 겁니다. 이제 한미 양국의 음악 차트에서 상대방 국가의 가수 노래가 순위에 오르는 모습이 자연스러운 일이 되었습니다. 미국의 넷플릭스와 같은 글로벌 플랫폼을 만들고, 한국이 '오징어게임'과 같은 킬러 콘텐츠를 생산해 공급하는 새로운 양상의 시너지 효과도 나타나고 있습니다.

문화교류의 활성화로 양국 국민의 관계도 더욱 가까워졌습니다. 지난해 시카고 국제문제연구소 여론조사에 따르면 미국인의 한국에 대한 호감도가 1978년 이후 가장 높은 것으로 조사되었습니다. 또한, 미 여론조사기관 퓨리서치센터에 따르면 지난해 미국에 대한 한국인의 호감도는 89%에 달했으며, 그 증가 폭은 조사대상국 중 가장 크다고 합니다. 이제 한미 양국 청년들이 더욱 활기차게 오가며 공부하고 교육받으며, 직장을 찾을 수 있도록 한미 정부가 함께 체계적인 지원 프로그램을 마련하기로 하였습니다.

의원 여러분, 제 평생의 직업은 두 가지였습니다. 첫 번째 직업은 대한민국 검사이고, 두 번째 직업은 사랑하는 나의 조국 대한민국의 대통령입니다. 검사 시절, 저의 롤 모델은 드라마 'Law & Order'에 나오는 애덤 쉬프 검사의 실제 모델인 로버트 모겐소(Robert Morgenthau) 였습니다. 저는 검찰총장 재직시 '미국의 영원한 검사 로버트 모겐소'라는 책을 출간해서 후배 검사들에게 나누어 준 적도 있습니다. 발간사에도 모겐소의 명언인 "거악에 침묵하는 검사는 동네 소매치기도 막지 못할 것"이란 문구를 적었습니다.

지금 우리의 민주주의는 위기에 직면해 있습니다. 민주주의는 자유와 인권을 보장하기 위한 공동체의 정치적 의사결정 시스템입니다. 이러한 의사결정은 진실과 자유로운 여론 형성에 기반해야 합니다. 세계 도처에서 허위 선동과 거짓 정보가 진실과 여론을 왜곡하여 민주주의를 위협하고 있습니다. 법의 지배는 공동체 구성원들의 자유가 공존하는 방식이며, 의회민주주의에 의해 뒷받침됩니다. 허위 선동과 거짓 정보로 대표되는 반지성주의는 민주주의를 위협할 뿐 아니라 법의 지배마저 흔들고 있습니다. 이들 전체주의 세력은 자유와 민주주의를 위협하고 부정하면서도 마치 자신들이 민주주의 운동가, 인권 운동가인 양 정체를 숨기고 위장하는 경우가 대부분입니다. 우리는 이런 은폐와 위장에 속아서는 안

됩니다. 피와 땀으로 지켜온 소중한 민주주의와 법의 지배 시스템이 거짓 위장 세력에 의해 무너지지 않도록 우리 모두 힘을 합쳐 용감하게 싸워야합니다. 자유를 소중히 여기는 사람은 다른 사람의 자유도 소중하게 생각합니다. 따라서 자유는 평화를 만들고 평화는 자유를 지켜줍니다. 그리고 자유와 평화는 창의와 혁신의 원천이고, 번영과 풍요를 만들어냅니다.

70여년 전 대한민국의 자유를 위해 맺어진 한미동맹은 이제 세계의 자유와 평화를 지키는 글로벌 동맹으로 발전했습니다. 대한민국은 국제사회에서 대한민국의 신장된 경제적 역량에 걸맞은 책임과 기여를 다할 것입니다. 케네디 대통령은 1961년 취임식에서 '세계시민 여러분, 우리가 여러분을 위해서 무엇을 해줄 것인가를 묻지 마십시오. 인류의 자유를 위해 우리가 힘을 모아 무엇을 할 수 있을지를 물으십시오'라고 말했습니다. 이제 인류의 자유을 위해 대한민국이 국제사회와 힘을 모아 해야 할 일을 반드시 할 것입니다.

대한민국은 미국과 함께 미래로 나아갈 것입니다. 저는 지난해 취임하면서 대한민국을 자유민주주의와 시장경제를 기반으로 국민이 주인인 나라로 만들고 국제사회의 당당한 일원으로서 역할과 책임을 다하는 존경받는 나라, 자랑스러운 조국으로 만들어 가겠다는 소명을 밝혔습니다. 대한민국은 미국과 함께 세계시민의 자유를 지키고 확장하는 '자유의 나침반' 역할을 해나갈 것입니다.

한미 양국의 자유를 향한 동행이 70년간 이어지는 동안에도 이와 정반대의 길을 고집하는 세력이 있습니다. 바로 북한입니다. 자유민주주의를 선택한 대한민국과 공산 전체주의를 선택한 북한은 지금 분명히 비교되고 있습니다. 북한은 자유와 번영을 버리고 평화를 외면해왔습니다. 북한의 불법적 핵 개발과 미사일 도발은 한반도와 세계 평화에 대한 심각한 위협입니다. 북한의 무모한 행동을 확실하게 억제하기 위해서는 무엇보다도 한미의 단합된 의지가 중요합니다.

레이건 대통령이 말한 바와 같이, "우리가 용납할 수 없는 지점이 있으며 절대로 넘어서는 안될 선이 있다"는 것을 북한에게 분명히 알려줘야 합니다. 어제 열린 정상회담에서 저와 바이든 대통령은 한층 강화된 확장억제 조치에 합의했습니다. 날로 고도화되는 북핵 위협에 대응하기 위해 한미 공조와 더불어 한미일 3자 안보 협력도 더욱 가속화 해야 합니다. 우리 정부는 도발에는 단호히 대응하되 비핵화를 위한 대화의 문을 열어둘 것입니다. 저는 지난해 북한이 핵 개발을 중단하고 실질적 비핵화 프로세스로 전환한다면 북한의 민생과 경제를 획기적으로 개선하겠다는 '담대한 구상'을 제안했습니다. 북한이 하루빨리 도발을 멈추고 올바른 길로 나오기를 다시 한번 촉구합니다. 한미 양국은 북한의 비핵화를 이끌어내기 위한 노력을 함께 기울여 나갈 것입니다.

북한 정권이 핵 미사일 개발에 몰두하는 사이 북한 주민들은 최악의 경제난과 심각한 인권 유린 상황에 던져지고 있습니다. 우리는 북한 주민의 비참한 인권 실상을 전 세계에 알리는 동시에, 북한 주민에게 자유를 전달하는 의무를 게을리해서는 안됩니다. 지난달 대한민국 정부는 북한 인권보고서를 최초로 공개 발간했습니다. 보고서는 최근 5년간 북한 이탈주민 508명의 증언을 바탕으로 세계인권선언과 국제인권조약 등 국제적 기준을 적용해 북한 인권 유린 사례를 두루 담고 있습니다. 코로나19 방역 지침을 어겼다는 이유로 무자비하게 총살당한 사례, 한국의 영화와 드라마를 시청하고 유포했다고 공개 처형한 사례, 성경을 소지하고 종교를 가졌다는 이유만으로 공개 총살을 당한 사례 등 이루말할 수 없는 참혹한 일들이 발생하고 있습니다. 국제사회는 이러한 북한 인권의 참상을 널리 알려야 합니다. 여기에 계신 의원 여러분들도 북한 주민들의 열악한 인권이 개선될 수 있도록 함께 힘써주시길 바랍니다.

친구 여러분, 자유민주주의는 또다시 위협받고 있습니다. 우크라이나 전쟁은 국제규범을 어기고 무력을 사용해 일방적으로 현상을 변경하려는 시도입니다. 대한민국은 정당한 이유없

이 감행된 우크라이나에 대한 무력 공격을 강력히 규탄합니다.

1950년 북한이 우리를 침공했을때, 자유민주주의 국가들은 우리를 돕기위해 달려왔습니다. 우리는 함께 싸워 자유를 지켰습니다. 그리고 그 결과는 역사가 말해주고 있습니다. 우리의 경험은 자유민주주의 국가들의 연대가 얼마나 중요한지 말해줍니다. 대한민국은 자유세계와 연대하여 우크라이나 국민의 자유를 수호하고 이들의 재건을 돕는 노력을 적극적으로 펴 나갈 것입니다.

의원 여러분, 이제까지 6명의 대한민국 대통령이 이 영예로운 자리에서 연설을 한 바 있습니다. 노태우 대통령은 1954년 대한민국 초대 대통령 이승만 박사가 이곳에서 연설을 한 지 35년 뒤인 1989년에 여기 연단에 서서 이런 말을 했습니다.

"태평양 연안 국가들은 개방사회와 시장 경제를 통하여 이 지역이 세계에서 가장 빠른 성장을 이루도록 만들었습니다. 미국에게 태평양은 더욱 중요하게 될 것입니다. 한국은 이 지역의 평화와 번영에 더욱 기여하는 나라가 될 것입니다. 언젠가 한국의 대통령이 다시 이 자리에 서서 오늘 내가 한 이야기가 내일의 꿈이 아니라 현실이 되고 있다고 말할 날이 올 것입니다."

노태우 대통령의 꿈은 이미 현실이 되었습니다. 우리는 지금 인도-태평양 시대에 살고 있습니다. 세계 인구의 65%, 전 세계 GDP의 62%, 전 세계 해상 운송 물량의 절반이 이 지역에서 이루어지고 있습니다. 대한민국은 지난해 처음으로 포괄적 지역 전략인 '인도-태평양 전략'을 발표하였습니다. 대한민국은 포용, 신뢰, 호혜의 원칙에 따라 '자유롭고 평화로우며 번영하는 인도-태평양 지역'을 만들어나갈 것입니다. 인태 지역 내 규범 기반의 질서를 강화하기 위해 주요 파트너들과의 협력을 포괄적이고 중층적으로 확대해 나갈 것입니다. 그만큼 한미동맹이 작동하는 무대 또한 확장되는 것입니다. 미국 국제개발처(USAID)의 지원을 받던 한국은 이제 미국과 함께 개발도상국에게 개발 경험을 전수해 주고 있습니다. 한국은 공적개발원조 규모를 대폭 확대하고, 수혜국의 수요와 특성에 맞는 맞춤형 개발 협력 프로그램을 제공하고 있습니다.

어제 열린 한미정상회담에서 저와 바이든 대통령은 '미래로 전진하는 행동하는 동맹'의 비전을 담은 공동성명을 채택했습니다. 양국은 외교 안보를 넘어 인공지능, 퀀텀, 바이오, 오픈랜 등 첨단 분야의 혁신을 함께 이끌어 나갈 것입니다. 아울러, 양국의 최첨단 반도체 협력 강화는 안정적이고 회복력 있는 공급망 구축과 경제적 불확실성 해소에 기여할 것입니다.

양국은 동맹의 성공적 협력의 역사를 새로운 신세계인 우주와 사이버 공간으로 확장시켜 나가야 합니다. 세계에서 가장 혁신적이고 창의적인 두 기술 강국의 협력은 커다란 시너지 효과를 창출할 수 있을 것입니다.

존경하는 하원의장님, 부통령님, 상하원 의원 여러분. 한미동맹은 자유, 인권, 민주주의라는 보편적 가치로 맺어진 가치동맹입니다. 우리의 동맹은 정의롭습니다. 우리의 동맹은 평화의 동맹입니다. 우리의 동맹은 번영의 동맹입니다. 우리의 동맹은 미래를 향해 계속 전진할 것입니다.

우리가 함께 만들어나갈 세계는 미래 세대들에게도 무한한 기회를 안겨줄 것입니다. 여러분께도 새로운 여정에 함께해주시기를 당부합니다.

여러분과 미국의 앞날에 축복이, 그리고 우리의 위대한 동맹에 축복이 있기를 기원합니다.

감사합니다.

윤석열 한국 대통령이 27일 미 의회 상하원 합동회의에서 연설을 마친 후 뒷줄에 앉은 케빈 매카시 하원의장(오른쪽), 상원의장을 겸하는 카멀라 해리스 부통령과 악수하고 있다.

4. 옥중편지(20250117)

국민 여러분, 안녕하십니까? 조금 불편하기는 하지만 저는 구치소에서 잘 있습니다. 대통령 취임사부터, 3.1절, 광복절 기념사, 대국민 담화 등 그동안 국민들께 드렸던 말씀들을 다시 읽으며 마음을 가다듬고 지나온 국정을 되돌아보고 있습니다. 많은 국민들께서 추운 거리로 나와 나라를 위해 힘을 모아주고 계시다고 들었습니다. 국민 여러분의 뜨거운 애국심에 감사드립니다.

옥중편지(20250119)

서부지법에서 일어난 안타까운 사태에 대한 윤대통령 변호인단이 공개한 입장 전문 대통령은 이번 비상계엄 선포가 국가비상사태에 준하는 국정 혼란 상 황에서 오로지 대한민국의 헌정질서 붕괴를 막고 국가기능을 정상화 하기 위한 것이었음에도 이러한 정당한 목적이 제대로 전달되지 못하 고 있음에 안타까움을 표하셨습니다. 또한, 대통령은 오늘 새벽 서부지법에서 발생했던 상황을 전해 듣고 크게 놀라며 안타까워하셨습니다. 특히, 청년들이 다수 포함되어 있다는 소식에 가슴아파 하시며 물리적인 방법으로 해결하려는 것은 국가 적으로는 물론, 개인에게도 큰 상처가 될 수 있다고 우려하셨습니다. 대통령은 새벽까지 자리를 지킨 많은 국민들의 억울하고 분노하는 심 정은 충분히 이해하나 평화적인 방법으로 의사를 표현해 줄 것을 당부하셨고, 경찰도 강경 대응보다 관용적 자세로 원만하게 사태를 풀어나가기를 바란다는 뜻을 밝히셨습니다. 대통령은 사법 절차에서 최선을 다해 비상계엄 선포의 목적과 정당성을 밝힐 것이며, 시간이 걸리더라도 포기하지 않고 잘못된 것들을 바로잡겠다고 말씀하셨습니다.

5. 윤 대통령의 옥중 설 인사(20250124)

설 명절이 다가왔습니다. 을사년 새해는 작년보다 나은 한 해가 되시길 바랍니다. 설날이 다가오니 국민 여러분 생각이 많이 납니다. 여러분 곁을 지키며 살피고 도와드려야 하는데, 그러지 못해 안타깝고 죄송합니다. 아무쪼록 주변의 어려운 분들함께 챙기시면서, 모두가 따뜻하고 행복한 명절보내시길 기원합니다.

6. 윤석열 대통령과 모스탄 대산간의 주고받은 편지 (20250716)

July 16, 2025

Dear President Yoon,

You are a national hero! As I have advocated for you & called out your unjust imprisonment, I wish you could have been at these events at SNU & the Incheon airport so that you could see & experience how much energetic & passionate support you _still_ have!

I heard that you dedicated your life to Jesus Christ. That is the best news I could have heard. Now our God will be with you, strengthen you & keep you all of the days of your life. May you be comforted in the midst of this national crisis. God is still Sovereign & I sincerely believe that He will save Korea. Keep the faith & know that many are praying for you! Grace & Peace in Christ Jesus,

Morse Tan

모스탄 대사 손수 작성

2025. 7. 16

친애하는 윤 대통령님,

대통령님께서는 국가의 영웅이십니다!

제가 대통령님을 응원하고 부당한 투옥에 대해 외쳤듯이, 대통령님께서 서울대학교와 인천공항에서 열흘간 행사들에서 아직도 얼마나 사람들이 대통령님을 열정적으로 굳건함이 힘있게 지지하고 있는지 꼭 보셨으면 하는 마음입니다!

저는 대통령께서 대통령님의 삶을 예수 그리스도께 바쳤다고 들었습니다. 이것은 제가 들은 최고의 소식입니다. 이제 원 하나님께서 당신과 함께하시고, 당신을 강하게 하시고, 당신의 삶의 모든 날들을 지켜주실 것입니다. 이 극기적 위기 속에서 대통령님께 평안이 있길 바랍니다. 하나님께선 여전히 주권자 되시며, 저는 진심으로 하나님께서 대한민국을 구하실 것이라 믿습니다. 믿음을 지켜 붙드시고, 많은 사람들이 대통령님을 위해 기도하고 있다는 것을 믿으시길 바랍니다.

예수 그리스도 안에서의 은혜와 평화가 있기를 기도하며,

Morse Tan
단현명

모스탄 대사 편지를 주변인이 번역한 글

몬산 대사님에게.

하느님의 공의와 법을 세상이 실천하기 위해
열정적으로 일해오신 몬산 대사님에게 경의를
표하는 바입니다.

오늘, 이곳 성북주치로까지 찾아오시기로 한 것이 감사하고,
갑작스러운 독감이 절정승리전점으로 만나지 못해 아쉽습니다.
어제 교황청측과 이미 협견 약속을 잡았는데도 저와 몬스탄
대사에 안심을 막느라고 전격적인 절정승지 결정을 내린것은
양심적이고 거룩한 것이라 생각합니다.

저의 서천 민병이 해배제로 결레라 글로벌라이제이션, 글로벌리즘이
좋이 있습니다. 이는 결래의 글로벌라이제이션이 결국 세계 모든 국가들을
정치적 자체민주주의로 수렴시킨다라는 가설과 믿음에 기초한 것이라고습니다.

그러나 글로벌리즘은 완전히 배산됐습니다.
공산독재, 나르닥시즘 완전히 구축한 전체주의 독재제가
특히가 경제적으로 그렇게 안말하 있습니다

저항된 인구수라, 부정부패 카르텔, 하위선동과 가짜뉴스,
이들에 기생하는
이들과 결탁하고 ~~~ 자체선 모두이 창절하고, 많은 이익추구자
들을 만들이 냈습니다. 글로벌리즘은 깨대로 기독된 카르텔을
구축하여 국가도 주권도 자유도 거기에 애물되고 이제는
쉽게 바꿔 나가수 값는 지경에 이르렀습니다.

지금 모든한 애사라 마음부는 세상의 정의를 태국하는
이러한 새벽, 그리고 그들이 구축한 시스템과 대적하기 위하
고군분투 하고 있습니다.

나의 대변 출마선언 (2021. 6.29)과 대통령 취임사 (2022.5.10) 때로
이글의 인사와 격려가 온 드리지 못합니다.

현재의 정부의 국정목표는 "다시 대한민국, 새로운 국민의 나라" 이고
나는 지금 저의 만기를 반대하는 국민들과 가치는
"자유 수호, 부정 척결" 이었습니다.

나는 어떤 상황에서도 물러설 수 없으며 그 동지들의 신념과 확신을
존경하고 응원합니다.

나는 지금 재구속되어 힘들하지만 인생과 상황이 힘들지만
늘 하나님께서 함께 해봄을 믿고 있습니다.

성원 말씀과 많은 국민들의 격려전보가 큰힘이 되고 있습니다.

세상을 정의롭게 변화시키기 위해 싸우는 모든 동지들에게
우리 함께 격려와 안부를 전하시라.

2025. 7. 16.
서울구치소에서
윤석열

윤석열 대통령을 글을 구치소에서 직접가지고 나올 수 없어서 김계리 변호사가 윤석열 대통령이 전달할 편지 내용을 직접 듣고 작성하여 모스탄 대사에게 전달한 글

7. 전한길 선생의 글들

한길샘입니다. 민주당이 사법부마저 없애겠다고 하는데…

한길샘입니다.

욕하시기 전에 제발 글을 끝까지 한 번만이라도 읽어보시고 어린이날 앞두고 제발, 미래 세대 생각 한 번만이라도 해봐주십시오

다들 알다시피 제 안위만 생각했다면 그냥 여러 분들 위해 공무원 강의만 했을 것입니다.

욕먹을 각오는 이미 하고 있으니 제발, 분별력있는 예비 공무원, 현직이 되어주십시오.

그리고 선관위 한길샘 제자들 많습니다. 그들이 무슨 잘못이 있겠습니까. 그들은 단지 지시에 따를 뿐일테니까요. 그들도 얼마나 안타까울지 한길샘 알고 그들이 근무하는 곳이 보다 투명하고 신뢰받는 기관으로 거듭나길 바라는 소망에서

한길샘은 분명히 말씀드립니다.

6.3 대선 어느 후보를 지지하든 부정선거가 아닌 공정하고 투명한 선거를 원하는 것은 다 같은 마음일 것입니다. 한길샘도 같은 마음입니다.

어지간하면 이곳에는 정치적인 글 안쓰려고 지지난 몇개월간 지켜보셨다면 다들 아실겁니다.

하지만 지금은 아래 글 보시면 여러분들이 공무원으로 더 안정적이고 행복한 대한민국이 되길 바라는 간절한 마음으로… 지금은

대한민국 국운이 달린 문제이기에

덧붙여,
이 카페는 수험샘들이 마음대로 익명 글쓰는 저질 커뮤니티가 아니라 한길샘이 직접 관리 운영하는 개인 카페입니다.
마음에 안들면 욕하지 마시고 탈퇴하시고 나가시면 됩니다

전한길입니다.

비내리는 주말입니다.
5. 1 대법의 이재명 상고심 선고 몇시간 앞두고 "대한민국 법치에 마지막 의인 한 사람이라도 있다면 이땅에 희망은 있다"고 글을 썼었는데…
놀랍게도 대법관 10:2로 "유죄 취지 파기환송"을 선고하는 것을 지켜보면서 주먹을 불끈 쥐었습니다.
"이땅에 마지막 남은 의인이 있어 대한민국 국운이 살아있구나" 확신했습니다.
희망을 발견했으니 이제는 싸워서 반드시 이겨야만 지난 12.3 비상계엄과 탄핵 정국에서 외쳤던 "자유민주의 수호, 법치와 공정과 상식"이라는 너무나 귀한 보편적인 가치를 되살려 우리 청년과 미래 세대들이 자유와 풍요로움을 누릴 수 있는 대한민국을 물려줄 수 있을 것입니다.
이번 6.3 대선은 체제전쟁입니다.

한미동맹을 통한 자유민주주의 수호냐 중국의 속국으로 전락하느냐?

자유시장경제 수호냐 사회주의 중국, 제 2의 베네수엘라로 전락하느냐?

이렇게 국운이 달린 너무나도 중대한 선거이기에 반드시 이겨야만 합니다.

일제 강점기때는 고문 당해가면서도 독립운동도 했는데…

지금 다시 잘못하면 우리 할아버지 할머니, 부모세대가 땀흘리고 희생한 덕분에 제조업 강국 세계 5위, K방산 세계 6위, 경제력 세계 12위, 8위 일본을 누르고 국력 세계 6위의 위대한 대한민국이 다시 침몰하고 망할 수 있는 이 위기 속에 무엇을 더 머뭇머뭇거리며 무엇을 더 망설이고 눈치보겠습니까?

말도 안되는 "사진 확대는 조작"이라는 황당한 이유로 1심 유죄 판결을 뒤엎고 무죄를 선고한 2심 좌파 판사들 최은경, 이예슬, 정재오의 사법부 치욕을 그저께 대법관 의인들이 오직 법과 양심에 따라 외압(선고 전날 촛불연대가 조희대 대법관을 공수처에 고발)에도 흔들리지 않고 "2심 무죄는 잘못된 판결이므로 유죄 취지로 파기환송 선고로 대한민국 사법부가 살아있다는 것을 보여주었지만

대법원 선고 이틀째인 오늘 현재 전과 4범(음주운전, 사기, 공무집행방해 잡범)이자 무려 12개 혐의로 5개 재판중인 범죄종합세트 인간을 대선 후보로 결정한 더불어민주당은 다시 대법관까지도 탄핵시키겠다고 미쳐서 날뛰고 있습니다.

다가오는 어린이날 앞두고 대한민국 정치가 2류 3류도 아니고

완전 아프리카 미개국 같은 저들의 행태를 보고 있노라면 자라나는 어린이들보기에 부끄러울 뿐입니다.

관세 협상을 비롯한 이 난국의 경제 위기 속에서 최상목부총리까지 다시 탄핵시키는 중에 사퇴케 만들고…

좌파언론들 역시 저런 것마져도 비판은 커녕 같은 편이라는 이유로 국민들 선동 뉴스로 도배하고 있고…

과연 저들에게 국가와 국민은 안중에 있는지 없는지?

최소한의 애국심과 양심은 있는지 없는지?

우리 아이들과 미래세대를 생각하는 기성세대의 양심이 남아있는 대한민국 국민이라면 어떻게 저럴 수가 있는지?

진짜,

이건 아니지 않습니까?

10:2의 선고 대법원의 대법관까지 모두가 법리에 따른 것이 아닌 정치적인 선고로 생각하는지?

그래서 민주당이 장악한 입법부 산하에 대법원을 두고 통제하겠다, "사법부 없애겠다"고 협박하는 저들의 주장에 과연 동의하시는지요?

우리가 초등학교때 "민주주의에서는 국민의 권리를 보호하고 권력의 독점을 막기 위해서 입법부 행정부 사법부 3권 분립을 한다"라고 배웠는데…

6.3 대선을 앞두고 어떤 후보를 지지 반대하는 것은 자유지만 아무리 생각해도 이건 아니지 않습니까?

이 총체적인 위기의 대한민국 상황에서 어느 후보는 법치와 공정과 상식 모든 것을 뭉개버리고 수단과 방법 가리지 않고 무조건 내가 대통령이 되고야 말겠다는 후보가 누구인지?

대통령 자리 자체보다는 내가 비록 희생하더라도 이 국가와 국민을 살려야 된다는 너무나도 상식적이고 너무나도 당연한 가치를 가진 후보가 누구인지?

주말 아침 기도와 묵상 하는 중에 "어쩌면 자유민주주의 대한민국에서 실시되는 마지막 선거가 될지 모른다"는 걱정이 가득한 가운데…

아침 포털 뉴스가 온통 좌파 언론들 선동기사로 가득한 것을 보면서 제발, 분별력있는 우리 국민들이 가스라이팅 당해서 속아넘어가지 않고 분별력을 가졌으면 하는 마음에…

2025. 05. 03.
전한길

덧붙여.1
상기 글은 한길샘이 폰으로 마음가는대로 쓴 글이라 오타나 띄워쓰기 오류 있더라도 너그러이 봐주시길 바랍니다.

그리고 아래 사진은 어제 "공명선거 요구" 국회 기자회견 직후 중앙선관위 방문 서면 요구서 제출 후 1인시위 사진이고 서류는 선관위의 선거참관인 모집 공고인데…

선거참관인으로 들어가서 부정선거 철저히 감시하는 것도 애국자심 가진 한국인의 할 일 일 것입니다.

전한길입니다. 5.1 대법선고 몇시간을 앞두고

군사기밀과 첨단기술 빼가는 중국인에게도 간첩죄를 적용해서 처벌을 강화하자는 '간첩죄 개정'을 끝까지 반대해서 중국 간첩을 보호하자는 더불어민주당

국가와 국민은 안중에도 없이 헌정 사상 초유의, 무려 29회에 이르는 탄핵으로 행정부와 국가시스템을 무너뜨리려고 했던 더불어민주당

민노총과 전교조와 함께 촛불시위 주도하면서(간첩죄로 15년형 선고받은 민노총 간부, 드러난 증거에 의하면 "이태원참사를 촛불세력과 연계하여 윤석열정부의 혼란을 부추겨라"는 북한의 지령문을 받아서 함께… 지금도 인터넷 검색하면 직접 확인 가능) 기업가들을 힘들게 해서 청년일자리 줄어들고 미래의 희망마져 품지 못하게 하는 더불어민주당

더불어민주당과 같은 끄나풀의 공수처, 좌파 판사가 장악한 서부지법, 한국을 집어삼키려는 중국의 선거 개입 의심을 사고 있는 선관위(878건의 비리와 부정)

심지어 많은 의혹을 받고 있는 "당일 투표와 같이 사전투표도 투표관리관의 개인 도장 날인을 한 투표용지에 투표하게 해달라"는 선관위 규칙개정만이라도 해달라는 것 마져 거부하고 결국 대놓고 부정선거하겠다는 선관위

가짜뉴스, 왜곡과 선동 뉴스로 국민들을 가스라이팅 세뇌시켜온 JTBC와 MBC를 비롯한 좌파 언론들

청년들과 일반 국민들을 분리시키기 위해서 상식적인 국민들까지도 "극우" 프레임 덮어씌우는 좌파 언론들

대통령 탄핵심리 과정에서 내란죄를 빼는 등 무려 10가지 위법사항이 발생했고, 국민의 50%가 탄핵 기각과 대통령 직무복귀를 명령했지만, "주권은 국민에게 있다"는 대한민국헌법을 정면으로 위배되는 대통령 파면 선고를 내린 헌법재판소

이와 같이 어느덧 자유민주주의와 법치와 공정과 상식이 무너져 내리고 불의가 횡행하는 사회가 되어버린 작금의 대한민국의 현실을 바라보고 있노라니 그저 서글프고 착찹한 마음 금할 길이 없습니다.
기성세대의 한 사람으로서 20·30 청년세대들과 미래세대들이 살아갈 암울한 미래를 생각하니 너무 미안하고 걱정이 태산입니다.

오늘 5. 1. 목. 전과 4범에 무려 12가지 혐의로 5개의 재판을 받고 있는 인간이 대한민국의 대통령이 되려고 하는 이 현실 앞에서 오늘 그 인간의 선거법 위반 범죄… 1심에서는 징역 1년에 집행 유예 2년의 유죄를 선고받았지만 2심에서는 "사진 확대한 것은 조작"이라는 국어사전을 바꿔야 할 정도의, 초등학생도 납득하기 어려운 무죄판결… 드디어 3심 대법원의 선고를 몇시간 앞두고 있습니다.

상기와 같이 모든 원칙과 상식과 양심이 무너져내린 대한민국이라는 나라에 그나마 마지막 희망을 대법원 12인 판사들께 한 번 걸어봅니다.

마지막 남은 "의인" 한 사람이라도 있기를 소망하며 하나님께 기도합니다.

불의가 횡행하던 시대에 맞서 저항했던 네크라소프가 남긴 말로서 글을 맺고자 합니다.

"슬픔도 노여움도 없이 살아가는 자는 대한민국을 사랑하고 있지 않다."

2025. 05. 01
전한길

덧붙여,
몇시간 뒤 있게 될 대법원 판사들이 이 글을 볼리는 없겠지만…
"간절히 원하면 이루어진다."는 격언이 현실이 되길 다시 한 번 소망하는 마음으로

그리고 다가오는 6.3 대선 통해서 새롭게 대통령이 될 지도자는 장기집권에 대한 부산물로 탄생된 "대통령 5년 단임제"의 제 6공화국은 역사 속으로 사라지고 이제 임기 단축 통한 "대통령 4년 중임제"의 개헌으로, 제 7공화국의 시대와 평화통일의 시대를 열어서 역사 속에 다시 한 번 더 도약하는 자유민주주의 대한민국을 열어서 20·30 청년 세대와 미래세대들에게 더 큰 번영을 가져다주길 소망해봅니다.

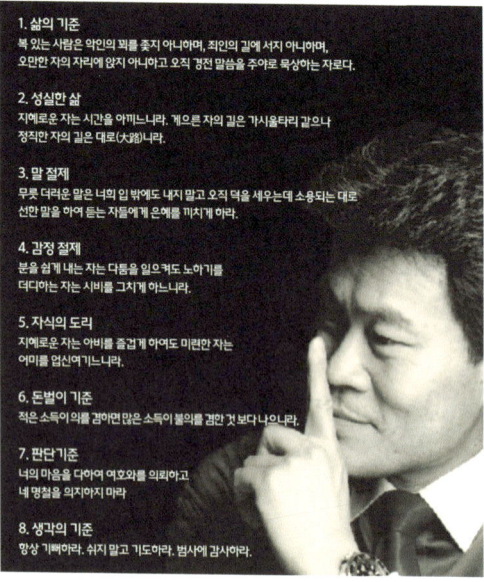